島根駅旅

001-129
SHIMANE EKITABI
GUIDE BOOK

残された
ユートピアを行く

神話に彩られ、伝統文化が息づく島根。東西に長い海岸線は、砂浜と岩礁が数々の絶景を作り出しています。なだらかな中国山地に点在する里山には、自然とともに生きてきた人々の歴史が感じられます。「残されたユートピア」と呼びたくなる場所です。

のどかな風景と鉄道ほど、似合うものはありません。一両だけのディーゼル車も、車両を連ねた特急列車も、あるいは遥かに延びるレールの風景も、私たちの胸に郷愁を呼び起こします。初めて見たのに懐かしく感じる――そんな風景に出会えるでしょう。

島根県内には5つの鉄道路線が

出雲八代－下久野駅区間沿線

あります。おもに日本海沿いを走る山陰本線。中国山地を縫うように越えていく木次線。一部を観光ＳＬ列車が走る山口線。宍道湖北岸を走る一畑電車の北松江線と大社線。そこに暮らす人々の重要な足であり、旅行者にとってはユートピアへ誘う乗り物でもあります。

鉄道のあるところに駅あり。ホームのタイプがさまざまならば、駅舎もまたさまざまです。近代的でモダンなものから、ノスタルジックな風情のもの、地域の特色を反映したもの——「駅」と一括りにできないほど、それぞれが個性に富んでいます。

島根の鉄道旅へようこそ！

心洗われる風景、新たな発見、温かな人々とここならではの美味しいものが、あなたの乗車を待っています。

折居－三保三隅駅区間沿線

CONTENTS

SHIMANE EKITABI GUIDEBOOK

起点は自分。
終点も、自分で決める。

02 はじめに

06 マナー×駅旅

08 基礎用語×駅旅

10 この本について

184 掲載駅さくいん

33 特集Ⅰ 鉄道を守る人々
後藤総合車両所 出雲支所
一畑電車 雲州平田検車庫・工場

145 特集Ⅱ ここにも鉄道が走っていた
―廃線・廃駅を巡る―
JR三江線／一畑電鉄広瀬線／一畑電鉄立久恵線
一畑駅／JR大社線

179 特集Ⅲ 島根に残る鉄道遺産
大田市駅跨線橋／旧大社駅／D51 488号機
一畑電車布崎変電所

山陰本線・東　12
米子／安来／荒島／揖屋／東松江／松江／乃木／玉造温泉／来待／宍道／荘原／直江／出雲市

山陰本線・西　38
西出雲／出雲神西／江南／小田／田儀／波根／久手／大田市／静間／五十猛／仁万／馬路／湯里／温泉津／石見福光／黒松／浅利／江津／都野津／敬川／波子／久代／下府／浜田／西浜田／周布／折居／三保三隅／岡見／鎌手／石見津田／益田／戸田小浜／飯浦／江崎／須佐／宇田郷／木与／奈古／長門大井／越ヶ浜／東萩／萩

一畑電車・北松江線　82
電鉄出雲市／出雲科学館パークタウン前／大津町／武志／川跡／大寺／美談／旅伏／雲州平田／布崎／湖遊館新駅／園／一畑口／伊野灘／津ノ森／高ノ宮／松江フォーゲルパーク／秋鹿町／長江／朝日ヶ丘／松江イングリッシュガーデン前／松江しんじ湖温泉

一畑電車・大社線　108
出雲大社前／浜山公園北口／遙堪／高浜／川跡

木次線　122
宍道／南宍道／加茂中／幡屋／出雲大東／南大東／木次／日登／下久野／出雲八代／出雲三成／亀嵩／出雲横田／八川／出雲坂根／三井野原／油木／備後落合

山口線　152
新山口／周防下郷／上郷／仁保津／大歳／矢原／湯田温泉／山口／上山口／宮野／仁保／篠目／長門峡／渡川／三谷／名草／地福／鍋倉／徳佐／船平山／津和野／青野山／日原／青原／東青原／石見横田／本俣賀／益田

駅旅コラム
EKITABI COLUMN

#01　鉄道の父　井上勝　77
#02　幻の未成線　今福線　80
#03　ばたでん100年の歴史と出会う　104
#04　島根駅弁カタログ　120
#05　幻の未成線　岩日北線　178
#06　鉄道のあゆみ　―島根編―　182

マナー×駅旅

Ekitabi Manners

知っておきたいマナーあれこれ。

Ekitabi Manners 1

順番は守りましょう

降車する人が優先です。先に乗ったり、扉の前をふさがないよう注意しましょう。もちろん、割り込みは厳禁です。

Ekitabi Manners 2

荷物は荷物棚か足もとへ

少しでも多くの人が座れるよう、座席は譲り合って座りましょう。くれぐれも座席を荷物で占領しないように……。

Ekitabi Manners 3

臨時列車などの問い合わせは控えましょう

情報は、雑誌やWEBなどをうまく活用し、自分で調べるようにしましょう。臨時列車のダイヤなどは、問い合わせても教えてもらえません。

Ekitabi Manners 4

列車の中では周りの人に配慮したマナーを

車内での化粧、大きな声で話す、携帯の着信音、ヘッドフォンからの音漏れなど、周りの人が不快に思う行為には注意しましょう。

Ekitabi Manners 5

運転士さんへ必要以上に話しかけてはいけません

ローカル線では、ワンマン運転の列車も多くあります。運転業務の妨げにならないようにしましょう。

Ekitabi Manners 6

列車は時刻表に載っていない時間にも線路を走っています

通過・貨物・臨時・回送・検査など、不定期に運行される列車も多く存在します。列車が来ないと思っても、けして線路には近付かないようにしましょう。

Ekitabi Manners 7

黄色い線の外には、はみ出さないように注意!

撮影に夢中になっていると、ついつい出てしまうことも。列車に接触する恐れがあるなど、安全走行を乱すとても危険な行為です。

Ekitabi Manners 8

人物を撮影するときは、必ず許可をとってから!

近くにある風景や車両を撮影したい場合でも、周囲の人たちへの配慮を忘れてはいけません。

Ekitabi Manners 9

ゴミやタバコの吸い殻など、ポイ捨て禁止!!

駅や駅周辺の環境美化に配慮した行動が大切です。当然ながら、ゴミはゴミ箱に捨てるか、持ち帰りましょう。

Ekitabi Manners 10

私有地への立ち入り、違法駐車はやめましょう!

田畑・庭だけでなく、草むらであっても公道以外はすべて私有地です。所有者の許可なく立ち入ることは犯罪です。

Ekitabi Manners 11

カメラのフラッシュ発光は厳禁です!

フラッシュの光量は目に大きな影響を与えます。特に運転士さんや駅員さんの業務や、安全運行を妨げないよう注意しましょう。

『島根駅旅』全路線MAP

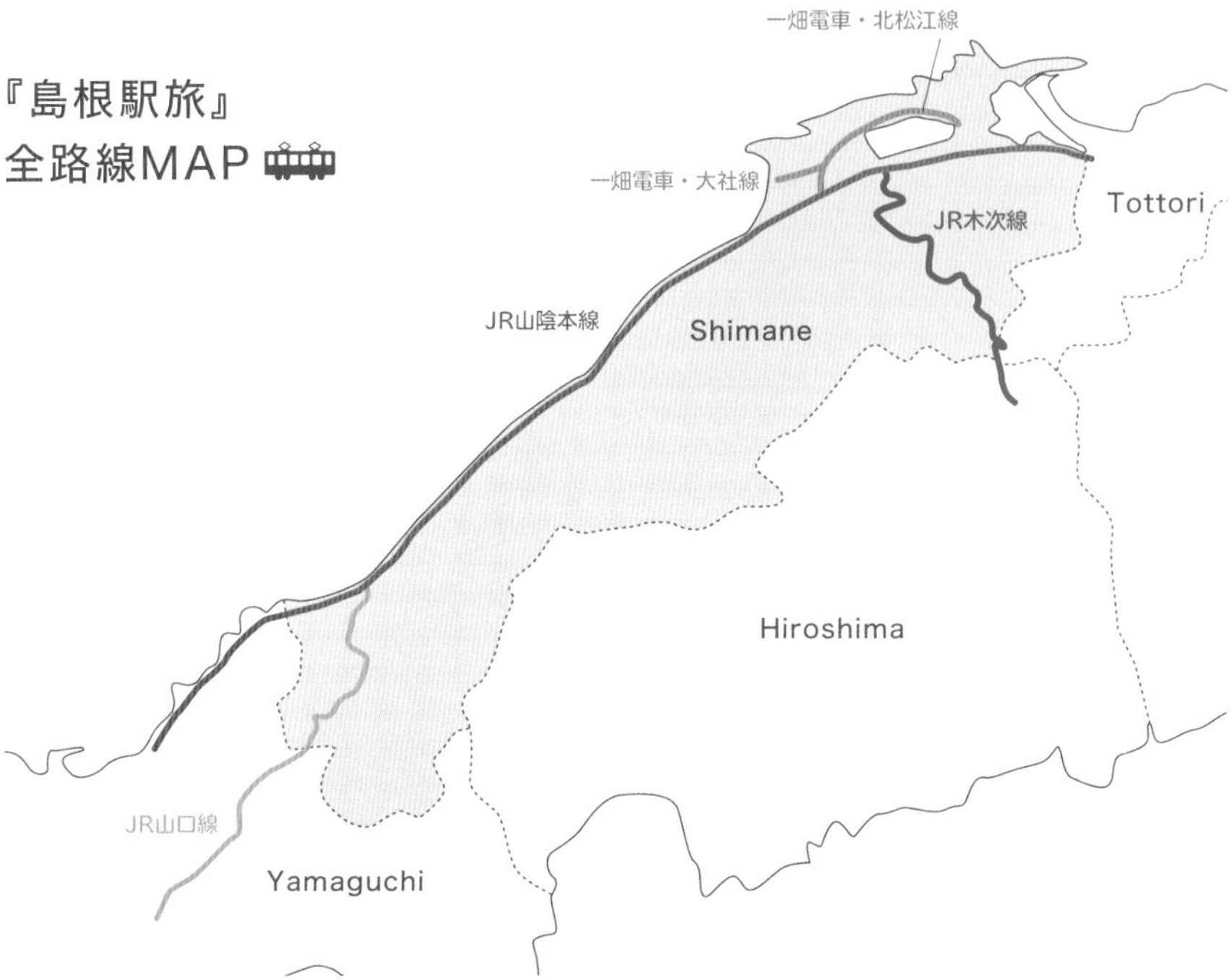

基礎用語×駅旅

駅旅をもっと楽しむために。

行違い【いきちがい】
単線区間にある駅または信号場で行なわれる列車の行違いのこと。

1線スルー【いっせんするー】
配線構造の1つ。単線区間にある駅で列車の行違いを行なう場合、分岐側に列車を停車（待避）させることで、通過列車は直線側を減速せずに通過できるようにしたもの。

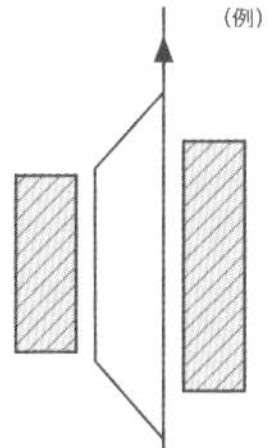

上屋（旅客待合上屋）【うわや】
風雨、雪、陽射しを避けるために設けられた、壁のない屋根だけの施設あるいは屋根を主体とした壁の少ない建物。「旅客——」「貨物——」「ホーム——」「通路——」と、設置目的や場所により名称が付く。断面形状ごとに、F形・Y形・V形・W形などの分類がある。

駅【えき】
旅客の乗降、または貨物の積み下ろしを行なうために使用する場所全体のこと。

駅舎【えきしゃ】
駅に対し、主要な施設（出札、改札、駅長室など）の入った建物のこと。

起点方【きてんがた】
駅から見て、路線の起点駅の方向のこと。

終点方【しゅうてんがた】
駅から見て、路線の終点駅の方向のこと。

信号場【しんごうじょう】
旅客や貨物の取り扱いはなく、列車の行違いや待ち合わせを行なうための設備。主に路線の分岐点や単線区間と複線区間の境界などにある。

スイッチバック【すいっちばっく】
急勾配の斜面において、折り返しながら登坂させることで勾配を緩和し、列車を運転できるようにした設備。

静態保存【せいたいほぞん】
列車や機関車などが、動作・運用が保証されていない状態で保存されていること。

側線・安全側線【そくせん・あんぜんそくせん】
本線ではない線路。列車の運転に常用しない線路であり、主に車両の入換えや留置などを目的として設置される。使用目的ごとに名称が異なる。安全側線は、列車同士の衝突防止を目的とした線路のこと。

待避線【たいひせん】
後続列車の追越し、対向列車との行違いなどに使用する副本線のこと。

動態保存【どうたいほぞん】
列車や機関車などが、動作・運用可能な状態で保存されていること。

‰【ぱーみる】
鉄道ではわずかな勾配も列車の運転に影響するため、勾配を表す際は‰を用いる。水平距離１０００ｍあたりの高低差（ｍ）。千分率。

引き上げ線【ひきあげせん】
列車を組成・分離するために引き上げる側線のこと。

ホーム（島式）【ほーむ（しましき）】
線路に囲まれた、島状のホームのこと。

（例）

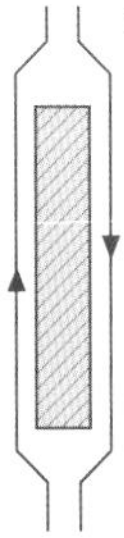

ホーム（相対式）【ほーむ（そうたいしき）】
向かい合ったホームが、線路を挟むようになっていること。

（例）

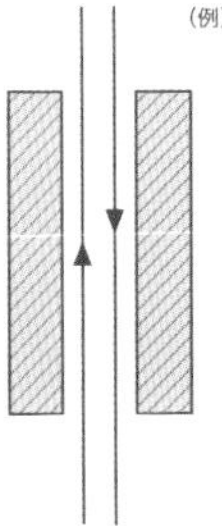

ホーム（単式）【ほーむ（たんしき）】
行違い設備のない駅で、１線のみがホームに面していること。

（例）

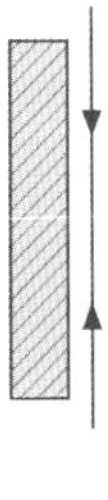

ホーム（頭端式）【ほーむ（とうたんしき）】
線路が行き止まりになっている終端駅に見られる、くし型のホームのこと。

（例）

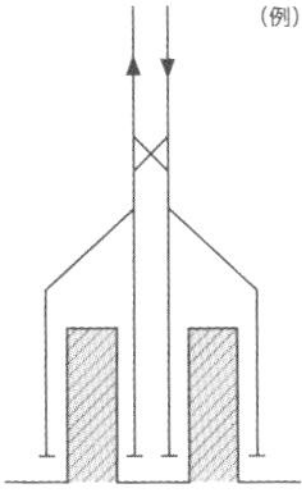

保線・保線材料線【ほせん・ほせんざいりょうせん】
レールなどの鉄道の軌道における安全を保つための作業。レールの損傷・劣化など、列車の安定した走行をおびやかす原因を検査し、保守作業（補修・交換）を行なう。また、その機材などを留置しておくための線路。

本線・副本線【ほんせん・ふくほんせん】
列車の運転に常用する線路。同一方向の列車運転に使用する本線が２本以上ある場合、主に使用する本線を主本線と呼び、それ以外を副本線と呼ぶ。ちなみに、上下列車ともに使用できる副本線を中線と呼ぶ。

●面■線【●めん■せん】

（例）１面１線

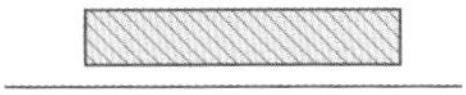

（例）２面３線

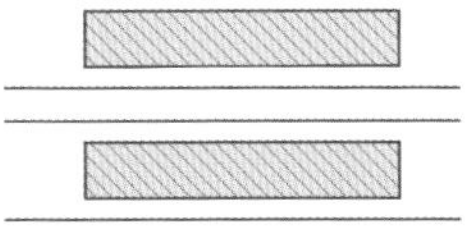

留置線【りゅうちせん】
車両を一時的に留置しておくための側線のこと。

HOW TO READ EKITABI

この本について

島根駅旅をより
楽しむための解説です。
今まで知らなかった
駅旅の楽しみに
出会えるかもしれません。

松江駅北口から見た駅舎。

1

松江
まつえ
MATSUE
Ekitabi No.006

●島根県松江市朝日町
●西日本旅客鉄道㈱（JR西日本）
●353.530km（京都起点）
●明治41年（1908）11月8日
●2面4線

2

水に恵まれし山陰の都

1977年に山陰で初めて地上駅から高架化された駅です。県庁所在地の駅であり、通勤通学客が数多く利用しており、島根県内で最大の利用者数を誇ります。また、特急や寝台列車など、全ての列車が停車します。駅舎内には、島根県の駅では唯一となったみどりの窓口や、改札口を挟んで東西に広がる駅ビルがあります。

駅周辺は山陰有数のオフィス街であり、居酒屋などの飲食店街が駅の北側に広がっています。大橋川を挟んだ北西には松江城があります。天守閣は江戸時代に建てられたものが残る現存12天守の1つであり、その荘厳な姿は松江市のシンボルとなっています。長らく重要文化財でしたが、祈祷札の再発見により建造年が特定されたことなどにより、2015年に国宝に指定されました。

3

毎年夏に開催される松江水郷祭　最大の花火大会であり、日本有数の湖上花火を見るために多くの人が訪れます。また、10年に一度行われるホーランエンヤは日本三大船神事の一つであり、城山稲荷神社の御神体を船に載せ、東松江駅近くにある阿太加夜神社まで運び五穀豊穣を祈願する祭礼です。松江市の中央を流れる大橋川で行われる還御祭には全国から多くの見物客が訪れます。

4

[1]国宝松江城。別名千鳥城とも呼ばれ、急行「ちどり」の列車名の由来ともなった。[2]駅舎内には多くの飲食店や土産物店がある。[3]島根県唯一となったみどりの窓口。[4]松江駅ホーム。特急「スーパーおき」が出雲方面へ出発する。[5]改札口。奥の階段には松江城の写真がある。

23 山陰本線・東

山陰本線・東 | 22

路線名

専門的な言葉は **基礎用語×駅旅…P8**

本書の記載について

●西日本旅客鉄道㈱（JR西日本）および一畑電車㈱の駅を129駅掲載しています。なお、路線別の掲載のため、重複して掲載している駅もあります。
●山陰本線（京都－幡生）は、米子－萩駅間のみ掲載しています。
※本書の内容はすべて取材当時のものです。

1 駅の基本情報

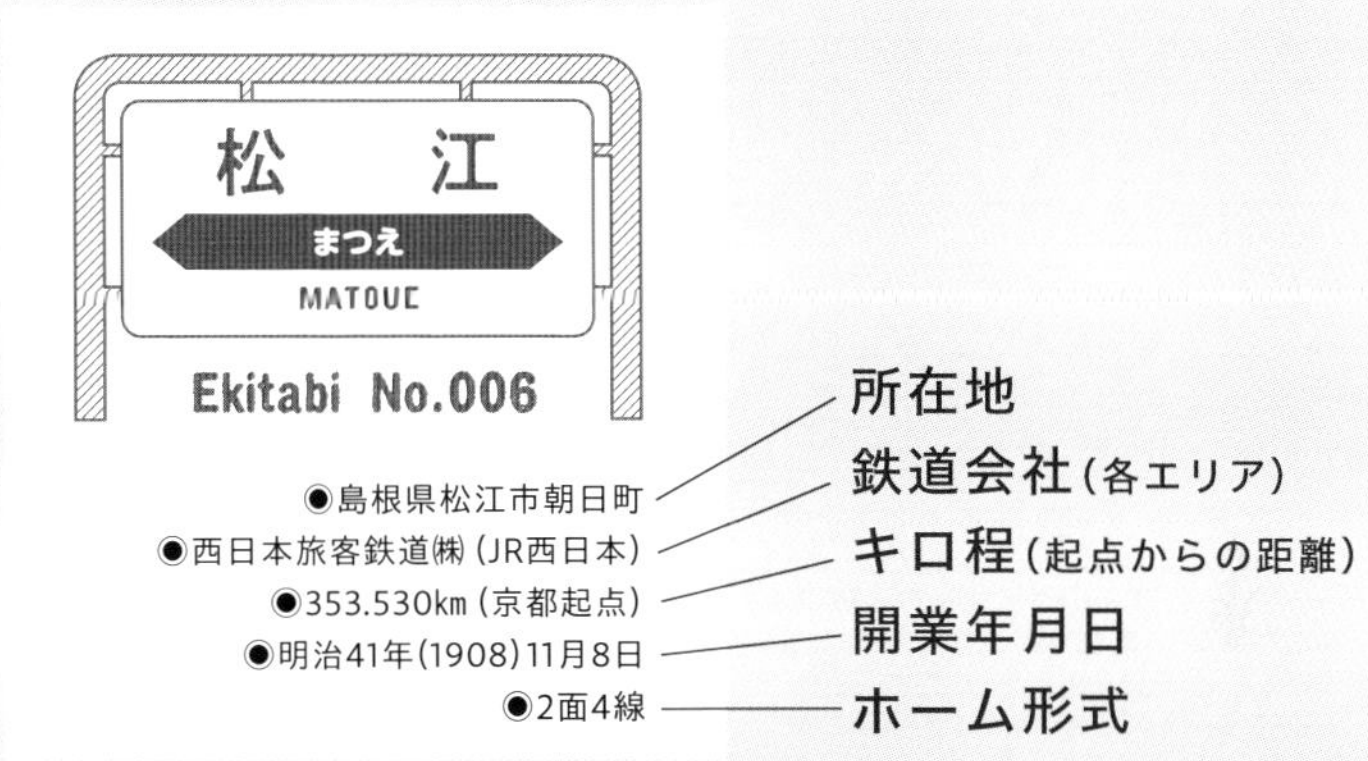

2 ホーム形式の例

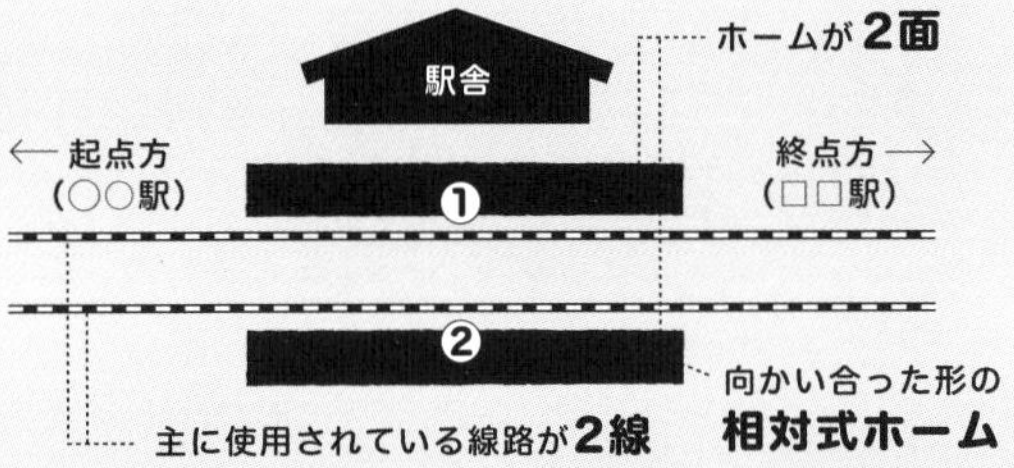

駅には様々なタイプのホームがあります。訪れた駅を見て、どのようなタイプの駅なのか考察するのも楽しいかもしれません。

その他のタイプはこちら

基礎用語×駅旅… P8

3 文章について

現在の駅の様子や、昔の様子のほか、みどころの多い駅では、その土地ならではの観光情報や周辺の鉄道関連施設についても紹介しています。

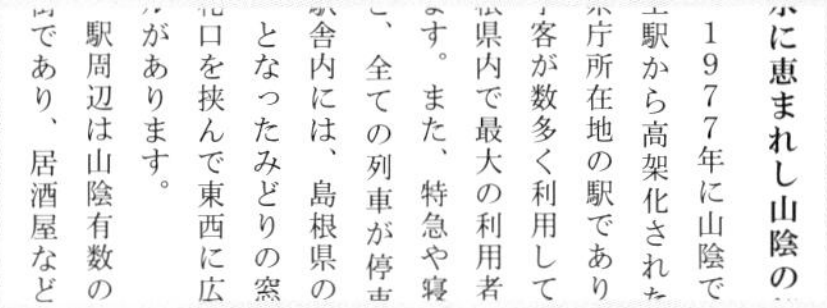

4 駅・周辺写真

駅だけでなく、周辺の様子などを収めた写真も掲載。降車したあとの散策ルートの参考にもなります。

山陰本線・東

SANIN LINE・EAST

直江－出雲市駅区間沿線

荒島－揖屋駅区間沿線

観光にもビジネスにも利用される路線

山陰本線の「米子」─「出雲」間は、特急の「スーパーまつかぜ」「スーパーおき」に加え、伯備線経由の特急「やくも」や、山陰と東京をダイレクトに結ぶ寝台特急「サンライズ出雲」が走ります。山陰では最もにぎやかな区間と言ってもいいでしょう。

列車は、連結汽水湖である中海・宍道湖に沿って走ります。ことに松江以西は車窓に宍道湖の湖面が広がり、シジミ採りの船や水鳥の姿を眺めることもできます。松江や玉造温泉、出雲大社といった、山陰でも有数の観光地があり、また中核都市が続いていることもあって、観光、ビジネスともに多くの利用がある路線です。

N
0
4
8km
松江市
MATSUE
境港市
SAKAIMINATO
中海
NAKAUMI
日吉津村
HIEZU
境港
馬場崎町
上道
余子
高松町
中浜
米子空港
大篠津町
和田浜
境線
弓ヶ浜
河崎口
三本松口
後藤
富士見町
東山公園
博労町
米子
松江しんじ湖温泉
P22
松江
P21
東松江
P20
揖屋
P20
荒島
P18
安来
P16
乃木
P24
山陰本線
米子市
YONAGO
松江市
MATSUE
安来市
YASUGI
南部町
NANBU
伯耆町
HŌKI
日南町
NICHINAN
日野町
HINO
亀嵩
485
431
9
432
180
181

JR山陰本線

米子《よなご》 ― 出雲市《いずもし》 区間

米子駅全景。

米子
よなご
YONAGO

Ekitabi No.001

●鳥取県米子市弥生町
●西日本旅客鉄道(株)（JR西日本）
●324.560km（京都起点）
●明治35年（1902）11月1日
●3面6線

新しいドラマは米子駅から

米子駅は2023年7月29日に新駅舎が開業しました。それまでの米子駅は北西方向にのみ出入口があり、反対側に行くには駅の北東にある踏切か南西にある跨線橋を渡って迂回をするしかありませんでした。

新駅舎は半橋上駅となり、改札口は2階になりました。改札口の前には線路を跨ぐ歩道、通称「がいなロード」が造られ新たに南口が設置されました。

4

[1]土産物店にある駅弁売り場。米子が全国に誇る吾左衛門鮓が売られている。[2]改札から各ホームへの跨線橋の入口。左には各路線のラインカラーが施されている。[3]改札のある2階へ上がるエスカレーター。注意アナウンスの一部には方言が使われている。[4]米子駅南口。新しく作られた出入口によって利便性が向上した。[5]南北自由通路である「がいなロード」。床のタイルのラインはモールス符号が描かれている。

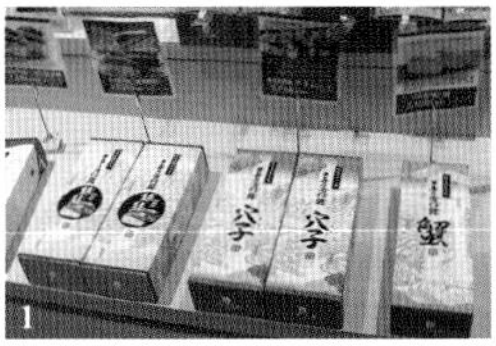
1

5

2

3

「がいなロード」の壁面や椅子には鳥取県の銘木である智頭杉が使われるなど、地域に密着したデザインが至るところに見られます。「がいなロード」からは後藤総合車両所運用検修センターを見ることができます。また、ガラス面に使われている衝突防止マークは、6個だけ米子駅を発着する列車のヘッドマーク風デザインとなっています。隣接する駅ビルには、飲食店や土産物店などが並んでいます。

駅の北西にある米子城は絶景の城として知られており、標高90mの山の頂上にある天守跡からは米子市内が一望できるほか、秋と冬には大山山頂から朝日が昇るダイヤモンド大山を、春と夏には中海の真ん中に夕日が沈む中海オレンジロードを楽しむことができます。

安来駅駅舎。観光協会やお土産物屋、カフェなどが入る複合施設。

安来

やすぎ

YASUGI

Ekitabi No.002

◉島根県安来市安来町
◉西日本旅客鉄道㈱（JR西日本）
◉333.400km（京都起点）
◉明治41年（1908）4月5日
◉2面3線

安来市へまたどうじょ

安来駅の駅舎は２００８年に完成した木造の建物です。安来市伯太町内の山林から切り出した杉、ヒノキなどの木材が使われており、天井にはその木材による骨組みを見ることができます。また、三角窓からの採光にもこだわった温かみのある駅舎です。鉄道駅としてだけでなく、観光交流プラザ「アラエッサ♪YASUGI」との合築施設となっており、観光案内所や特産品直売コーナーなどが設置され

4

5

1

2

3

[1]西比田にある金屋子神社は金屋子神の総本社とされ、たたらの守護神となり、製鉄関係者の信仰を集めていた。[2]足立美術館入口。安来駅からは無料シャトルバスで20分。[3]駅舎内では地元産の土産物などが売られている。奥にはカフェもある。[4]駅の中には三角窓があり、昼間は電灯が必要ないほどに明るく駅舎内を照らしている。[5]安来駅ホーム。右奥に見えるのはプロテリアル安来工場の山手工場。かつては日立金属という社名だった。

ています。

安来市は「安来節」の本場で、観光列車が到着すると「どじょうすくい踊り」で乗客をお迎えします。この取り組みが評価され、２０２０年に中国地方観光振興アワードを受賞しました。

古くから製鉄業が盛んで、全国に１２００か所あると言われる鉄の神様を祀る「金屋子神社」の総本社があり、現在は「ヤスキハガネ」という高級特殊鋼ブランドの産地としても知られています。

安来駅からシャトルバスで20分ほどの足立美術館には、近代日本画の巨匠・横山大観の作品120点をはじめとする多くの作品が所蔵されています。また、日本庭園は5万坪に及ぶ広大なもので、米国専門誌による日本庭園ランキングでは、２００３年の開始以来毎年1位に選出されています。

[1]荒島駅駅舎。右には大きな自転車置き場がある。[2]荒島駅ホーム。かつては一畑電鉄広瀬線との乗換駅だった。

荒　島

あらしま

ARASHIMA

Ekitabi No.003

◉島根県安来市荒島町
◉西日本旅客鉄道㈱（JR西日本）
◉338.190km（京都起点）
◉明治41年（1908）11月8日
◉2面3線

荒島駅は北側に国道9号が通っていますが、かつては駅の南側にあったため出入り口は南側にあります。

駅の西には古代出雲王陵の丘があり、造山古墳群からは三角縁神獣鏡、玉類などが出土しています。１９６０年までは、荒島駅から広瀬駅までを結ぶ広瀬線という8.3kmの路線がありました。

[1]駅前にある市川女寅の銅像。[2]揖屋駅駅舎。

揖屋駅舎にはカフェやギャラリーがある「東出雲まちの駅女《め》寅《とら》」があります。女寅とは揖屋出身の歌舞伎役者6代目市川門之助の前名で、駅前には女形姿の銅像が建てられています。駅から東に行くと揖夜神社があり、8月28日に行われる穂掛祭では町を挙げて田の神に感謝します。また、さらに東には黄泉《よもつ》比《ひ》良《ら》坂《さか》の伝承地があります。

揖　屋

いや

IYA

Ekitabi No.004

◉島根県松江市東出雲町揖屋
◉西日本旅客鉄道㈱（JR西日本）
◉343.810km（京都起点）
◉明治41年（1908）11月8日
◉2面2線

東松江

ひがしまつえ

HIGASHI-MATSUE

Ekitabi No.005

◉島根県松江市八幡町
◉西日本旅客鉄道㈱（JR西日本）
◉346.870km（京都起点）
◉明治41年（1908）11月8日
◉2面3線

駅の開設当初は馬潟《まかた》駅という名称でしたが、１９７３年に現在の名称になりました。それと同時に、松江駅の貨物機能が移管されました。山陰本線の貨物列車が１９９６年に廃止。現在は鉄道コンテナを取り扱うオフレールステーションが設置されており、島根県内唯一のＪＲ貨物の施設となっています。

1

2

[1]東松江駅入口。[2]かつての貨物駅はオフレールステーションに。

駅旅スナップ

The landscape

1

2

山陰本線沿線風景

[1]安来－荒島駅区間沿線。

[2]東松江－松江駅区間沿線の手間天神社。

松江駅北口から見た駅舎。

松　江
まつえ
MATSUE
Ekitabi No.006

◉島根県松江市朝日町
◉西日本旅客鉄道㈱（JR西日本）
◉353.530km（京都起点）
◉明治41年（1908）11月8日
◉2面4線

水に恵まれし山陰の都

　１９７７年に山陰で初めて地上駅から高架化された駅です。県庁所在地の駅であり、通勤通学客が数多く利用しており、島根県内で最大の利用者数を誇ります。また、特急や寝台列車など、全ての列車が停車します。駅舎内には、島根県の駅では唯一となったみどりの窓口や、改札口を挟んで東西に広がる駅ビルがあります。

　駅周辺は山陰有数のオフィス街であり、居酒屋などの飲食店

[1]国宝松江城。別名千鳥城とも呼ばれ、急行「ちどり」の列車名の由来ともなった。[2]駅舎内には多くの飲食店や土産物店がある。[3]島根県唯一となったみどりの窓口。[4]松江駅ホーム。特急「スーパーおき」が出雲方面へ出発する。[5]改札口。奥の階段には松江城の写真がある。

街が駅の北側に広がっています。大橋川を挟んだ北西には松江城があります。天守閣は江戸時代に建てられたものが残る現存12天守の1つであり、その荘厳な姿は松江市のシンボルとなっています。長らく重要文化財でしたが、祈祷札の再発見により建造年が特定されたことなどにより、2015年に国宝に指定されました。

毎年夏に宍道湖で開催される松江水郷祭は、山陰最大の花火大会であり、日本有数の湖上花火を見るために多くの人が訪れます。また、10年に一度行われるホーランエンヤは日本三大船神事の一つであり、城山稲荷神社の御神体を船に載せ、東松江駅近くにある阿太加夜《あだかや》神社《じんじゃ》まで運び五穀豊穣を祈願する祭礼です。松江市の中央を流れる大橋川で行われる還御祭《かんぎょさい》には全国から多くの見物客が訪れます。

[1]乃木駅の近くの宍道湖沿いは山陰屈指の夕日スポット。手前の島は嫁ヶ島。[2]乃木駅駅舎。入口には国鉄初の女性駅長誕生の看板がある。

乃木

のぎ

NOGI

Ekitabi No.007

●島根県松江市浜乃木
●西日本旅客鉄道㈱（JR西日本）
●356.170km（京都起点）
●昭和12年（1937）4月10日
●2面2線

乃木駅は古くからの木造の駅舎が残っている駅です。1980年にはこの駅で国鉄初の女性駅長が誕生しています。周辺にはたくさんの高校があり、特に宍道方面から通学する生徒が数多く利用しています。国道9号沿いの宍道湖は日本有数の夕日スポットと呼ばれ、美しい夕日を見ることができます。

駅旅スナップ

The landscape

山陰本線沿線風景

[1]松江－乃木駅区間沿線。

[2]玉造温泉－来待駅区間沿線。

[1]駅から西方面に「西」と書いてある。反対方向に「東」とは書かれていない。[2]玉造温泉の温泉街。橋の勾玉はこの地域の特産品であったことに由来する。[3]2020年9月より運行を開始した「WEST EXPRESS銀河」。[4]玉造温泉駅駅舎。温泉街からはやや離れているためタクシーの利用が多い。

3

1

2

4

玉造温泉
たまつくりおんせん
TAMATSUKURIONSEN

Ekitabi No.008

●島根県松江市玉湯町湯町
●西日本旅客鉄道㈱(JR西日本)
●360.100㎞(京都起点)
●明治42年(1909)11月7日
●1面2線

美肌のテーマパークへようこそ

文字通り玉造温泉の最寄り駅です。設置当初は湯町駅という名前で、現在は木次線沿線の街道名である湯町八川往還にその名残を残しています。島式ホームは他の駅よりも広めの造りとなっており、多くの乗客が乗り降りすることができます。

玉造温泉は『枕草子』にもその名が記される山陰屈指の名湯です。美肌の湯として知られ、温泉水を使った化粧品なども作られています。

来待
きまち
KIMACHI

Ekitabi No.009

◉島根県松江市宍道町東来待
◉西日本旅客鉄道㈱（JR西日本）
◉366.110km（京都起点）
◉昭和4年（1929）12月25日
◉2面2線

［1］来待駅駅舎。駅前には来待石で作ったタヌキの駅長像がある。［2］来待石の原産地の石碑。もちろん来待石で作られている。

　駅舎のある北側だけでなく、反対ホームにも出入口があります。
　この地は来待石と呼ばれる約１４００万年前に生成された凝灰質砂岩の産地であり、来待駅はこの来待石を全国に送り出す積み出し駅でした。この石を使った「出雲石灯ろう」は石工品で初めて国の伝統的工芸品に指定されています。

宍道
しんじ
SHINJI

Ekitabi No.010

◉島根県松江市宍道町宍道
◉西日本旅客鉄道㈱（JR西日本）
◉370.540km（京都起点）
◉明治42年（1909）11月7日
◉2面3線

　宍道駅は木次線との接続駅のため、多くの特急列車が停車します。駅から歩いてすぐのところには宍道湖があり、湖の西端を一望することができます。
　駅周辺は、江戸時代に宿場町として大きく発展しました。歴代藩主や天皇陛下も訪れた旧家である「木幡家住宅」は、「八雲本陣」として一般公開されており、国の重要文化財に指定されています（現在改修工事のため休館中。再開は２０３０年３月の予定）。

［1］停車しない特急は１線スルーとなっている駅舎寄りの１番線を通過する。［2］宍道駅駅舎。2017年にリニューアルして駅名看板が変わっている。

荘　原
しょうばら
SHŌBARA

Ekitabi No.011

◉島根県出雲市斐川町学頭
◉西日本旅客鉄道㈱（JR西日本）
◉374.590km（京都起点）
◉明治43年（1910）6月10日
◉2面2線

荘原駅は２０２０年に造られた新しい駅舎で、白を基調とした建物の壁には荒神谷遺跡で発掘された銅剣、入口には銅鐸のモニュメントが飾られています。

駅の南側には日本三美人の湯の一つ「湯の川温泉」があります。駅舎には八上比売《やかみひめ》のこて絵があり、湯の川温泉は八上比売が発見したと言われています。

［1］駅のホームにある「因幡の白兎」の石像。［2］荘原駅駅舎。入口には銅鐸が、壁には銅剣が施されている。

直江駅には国鉄時代の駅舎が現存していますが、現在は使われておらず利用客は入ることができません。改札機能は跨線橋の中間地点にあります。この辺りで列車に乗っていると、住宅の西側と北側に松が植えられているのが見えます。これは築地松《ついじまつ》と呼ばれ、出雲平野に吹く強風から家を守る独特の造りです。

直　江
なおえ
NAOE

Ekitabi No.012

◉島根県出雲市斐川町上直江
◉西日本旅客鉄道㈱（JR西日本）
◉380.700km（京都起点）
◉明治43年（1910）10月10日
◉2面3線

［1］ホームより出雲市方面を望む。駅の跨線橋の奥に自由通路用の跨線橋がある。［2］直江駅旧駅舎。現在は中に入ることはできない。

出雲市駅駅舎。北口は出雲大社を彷彿とさせる社殿風の造りとなっている。

神々が集いし街の玄関口

出雲市駅は、かつては当時の自治体名から出雲今市駅という名称でしたが、1957年に出雲市駅に改称しました。地上駅時代には、転車台などを備えた機関区が駅の南側にありました。1998年に機関区だった土地に高架駅を建設し、それに伴い駅周辺の再開発が行われました。現在の駅舎は、北口の入口が出雲大社の社殿を思わせる特徴的な造りとなっています。岡山からの特急「やくも」、

出雲市

いずもし

IZUMOSHI

Ekitabi No.013

- 島根県出雲市駅北町
- 西日本旅客鉄道㈱（JR西日本）
- 386.210km（京都起点）
- 明治43年（1910）10月10日
- 2面4線

[1]一畑電鉄の駅とは隣同士。[2]入口には『古事記』で紹介されている神話が描かれている。[3]日御碕灯台は世界的にも知られた灯台。[4]特急「やくも」はここが終点。岡山とは約3時間で結ばれる。[5]駅の中にも高さ3mの大国主命の彫刻がある。

東京からの寝台特急「サンライズ出雲」、鳥取からの観光列車「あめつち」などの終始発点であり、山陰屈指の交通の要衝となっています。

出雲大社は島根県を代表する観光地で、縁結びの神として知られる大国主大神が祀られています。現在の本殿は1744年に造営されたもので、国宝に指定されています。この出雲大社への参詣路線として、かつては大社線がありました。その終点である大社駅は、駅舎としては全国で三つしかない国の重要文化財に指定されています。

出雲大社からさらに日本海側には日御碕灯台があります。全国に5か所しかない第1等レンズを使用した灯台で、その歴史的価値から国際航路標識協会より世界の灯台100選に選ばれているほか、国の重要文化財にも指定されています。

米子駅⇄安来駅

駅旅SPOT

Sanin-Line **山陰本線**

駅間距離｜約**8.8**km

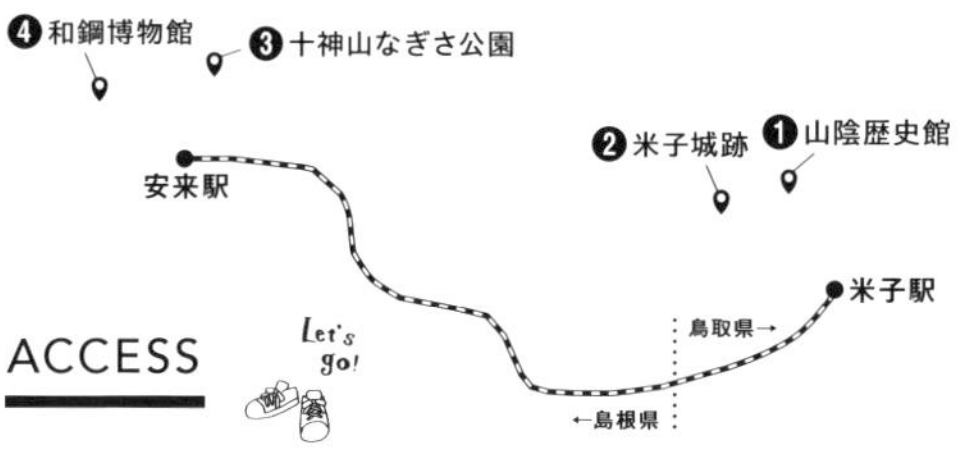

日常風景に溶け込む歴史や文化の名残

江戸時代から商人の町として栄えた米子。山陰随一の栄華を誇った米子城跡をはじめとした、古き良き時代を彷彿とさせるスポットが盛りだくさんです。

❶米子市立 山陰歴史館

「鉄道のまち・米子」を物語る各種鉄道関係資料や米子城跡の資料が展示されている施設。1930（昭和５）年に建築され、長い間米子市庁舎として使われた赤レンガ色のモダンな建物は、有名な建築家・故佐藤功一による設計で、米子市の有形文化財に指定されています。

鳥取県米子市中町20

最寄り駅 **米子駅→徒歩15分**

❷米子城跡

米子市の中心地に築かれた米子城は、「山陰随一の名城」とも称される壮麗な城であったといわれています。大山をはじめ、中海、日本海、市街地などを360度一望できる、天守跡からの絶景は必見です。

鳥取県米子市久米町

最寄り駅 **米子駅→徒歩20分**

米子市教育委員会提供

❸十神山なぎさ公園

安来節にも唄われ、昔から安来のシンボルとして親しまれてきた十神山の麓にある公園。市街地からすぐの場所にもかかわらず、緑ゆたかな山の雰囲気と浜辺の先に広がる中海の眺望をゆったり楽しめます。

島根県安来市安来町2273-1

最寄り駅 **安来駅→徒歩20分**

❹和鋼博物館

たたら製鉄の歴史が学べる博物館。館内には国指定重要有形民俗文化財の各種製鉄用具や各種映像資料、模型などが展示されています。ミュージアムショップではヤスキハガネ製の刃物が豊富な中から選べます。

島根県安来市安来町1058

最寄り駅 **安来駅→徒歩15分**

安来駅⇄松江駅

駅旅SPOT

Sanin-Line **山陰本線**

駅間距離｜約 **20.1** km

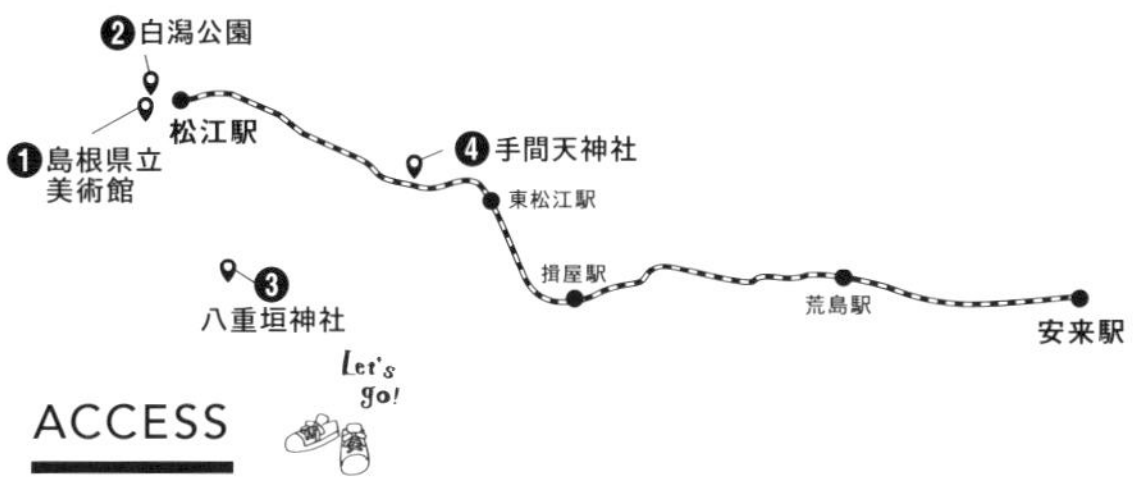

ACCESS

中海から宍道湖まで夕日が照らす、「水の都 松江」

たたらの町・安来から松江に向かう山陰本線は、中海と宍道湖を繋ぐ大橋川に沿って走ります。車窓から時折見える水辺をはじめ、古くから水と深い関わりを持つ「水の都」らしいスポットがたっぷりのエリアです。

❶島根県立美術館

宍道湖畔に建つ、水との調和をテーマにした美術館。
夕日スポットとしても有名ですが、波打ち際に盛り上がった「洲浜」をイメージした建物の形など、建築物としても魅力がたっぷりです。

島根県松江市袖師町1-5

最寄り駅 **松江駅→徒歩15分**

❷白潟公園

日本夕陽百選にも選定されている、宍道湖の夕日を見るのにぴったりの公園。
宍道湖の豆知識パネルや、ベンチも多くあるので、ゆったりお散歩しながら夕日を楽しんでみては。

島根県松江市灘町

最寄り駅 **松江駅→徒歩12分**

❸八重垣神社

夫婦円満や縁結びに御利益があるとされる神社。
池に浮かべた紙に硬貨をのせ、それが沈むまでの時間と距離でご縁の遅速を占う「縁占い」は、家族や友達と盛り上がること間違いなし。

島根県松江市佐草町227 **最寄り駅** **松江駅→バス20分**

車窓SPOT **東松江ー松江間**

❹手間天神社

東松江−松江駅間で車窓から眺めることができる、中海に浮かぶ神社。
陸路がなく、中海にポツンと浮かぶ姿が「まるでゲームのステージみたい」とSNSで話題になったことも。

島根県松江市竹矢町805

EKITABI SPOT

松江駅⇄出雲市駅

駅旅SPOT

Sanin-Line **山陰本線**

駅間距離｜約32.7km

ACCESS

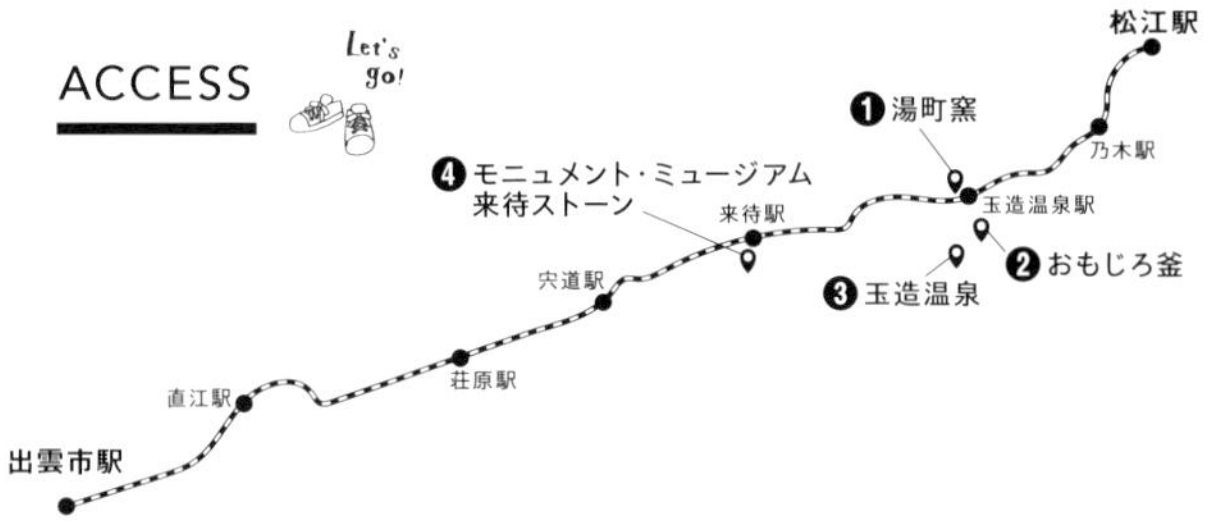

宍道湖を望む 勾玉と温泉のまち

宍道湖を端から端まで結びながら、神話のふるさと出雲へ向かいます。途中には美肌の湯として知られる玉造温泉があり、神話だけではない島根の魅力を存分に堪能できるはず。

❶湯町窯

1922年に開かれ、今も民藝の器を作り続ける由緒ある窯元。
イギリスの陶芸家の指導による、どこかヨーロッパを感じさせるコロンとした愛らしいルックスと温かな色が特徴で、直火でふんわり丸い目玉焼きを作れるエッグベーカーが人気です。

📍島根県松江市玉湯町湯町965-1

最寄り駅 玉造温泉駅→徒歩1分

❷おもじろ釜

玉造温泉の温泉源の隣にある「おもじろ釜」。ここではなんと、源泉を利用して温泉卵を作ることができます。ネットやたまごの売り場はないので、道中でネット入りのたまごの調達を忘れずに！

📍島根県松江市玉湯町湯町

最寄り駅 玉造温泉駅→徒歩11分

❸玉造温泉

奈良時代に開湯した日本最古の温泉の一つで、日本屈指の美肌の湯として知られています。
玉湯川沿いには宿や食事処、土産物店だけでなく、足湯スポットや縁結びスポットも多数あるので要チェック！

📍島根県松江市玉湯町玉造

最寄り駅 玉造温泉駅→バス10分

❹モニュメント・ミュージアム来待ストーン

松江市宍道町来待地区周辺で産出し、出雲石灯ろうの石材としても使われている来待石。ここでは、ミュージアムや石切場（採石場）の跡を見学して来待石の歴史や文化を学ぶだけでなく、彫刻体験や陶芸体験もできます。

📍島根県松江市宍道町東来待1574-1

最寄り駅 来待駅→徒歩15分

特集Ⅰ 鉄道を守る人々

The People Behind the Railroad

後藤総合車両所　出雲支所

電車を主体に点検修理

山陰本線の西出雲—出雲神西間にある「後藤総合車両所出雲支所」。特急「やくも」や「サンライズ出雲」など、山陰エリアでは唯一、電車を主体に取り扱う車両基地です。

全車両は9日に一度、「仕業検査」という日常点検を行い、3ヶ月に一度は定期検査である「交番検査」「機能保全検査」を行います。同検査では、車両の各装置がきちんと機能するか、隅々までチェックします。

また、突発的な不具合の際は臨時検査で対応します。一例として、秋から冬にかけては落ち葉で車両が空転し、モーターが故障することがあるそうです。

2024年春に営業運転を開始する予定の273系新型やくもには、空転や振り子を制御する装置が設けられ不具合の防止や乗り心地の改善を図っています。

乗客の安全を最優先に

出雲支所では合わせて40人ほどが働いています。仕業検査はその日の営業運転を終えた夜間に実施することが多く、2人で行います。

3ヶ月に一度の交番検査・機能保全検査は、最大8人で行います。点検時に心がけるのは、何よりも乗客の安全です。仕業検査では、普段と違うところはないか、検査ハンマーの打音に耳を澄ませます。小さな見逃しが不具合や列車の遅延につながる恐れがあるため、気が抜けません。

また労働災害を起こさないのも重要なこと。現在は「車両状態監視装置」が導入され、パンタグラフの摩耗状態や車輪の状態などをモニターでチェックできるようになり、車両の屋根上で行っていた作業などが削減され作業者の安全性が大幅に向上しています。

西日本旅客鉄道株式会社 中国統括本部

後藤総合車両所 出雲支所

〒699-0823 島根県出雲市東神西町165
TEL 0853-43-0108

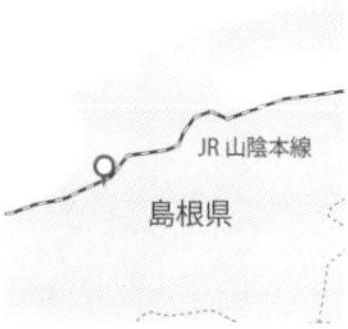

寝台特急「サンライズ出雲」では、車両整備はもちろん、客室内の清掃やメンテナンスも丁寧に行います。

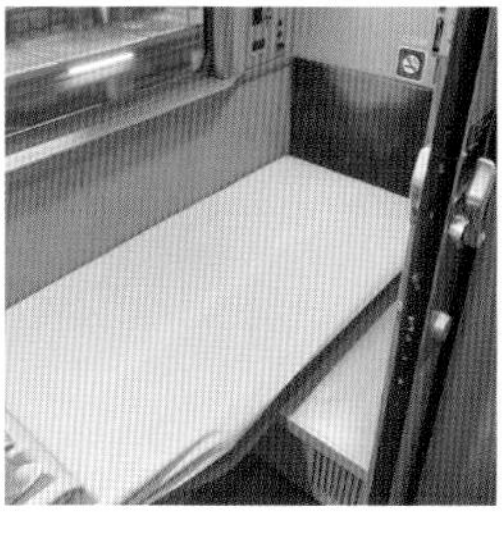

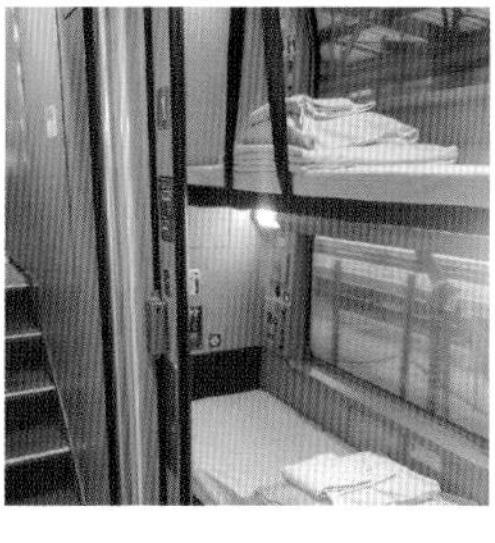

一畑電車 雲州平田検車庫・工場

109年の安全を守る

雲州平田駅構内にある、一畑電車の検車庫と工場。検車庫では週に一回程度の日常的な検査が行われ、工場では台車を外し、部品をバラバラにした上で重要部検査、全般検査が行われます。

一畑電車は20両の車両を持っており、すべての車両で3年または4年に一度、定期検査を行います。車の車検のようなものです。全部を自社工場で行うことはできないため、外注もしています。

1914年に軽便鉄道としてスタートしてから約109年、宍道湖北岸の足として親しまれてきた「ばたでん」は、この雲州平田検車庫・工場で安全が守られています。

車両の安全を支える少数精鋭の車両課

一畑電車の技術部には車両課と施設課があり、車両の検査・整備を行う車両課は、6人の少数精鋭で仕事をしています。

インバーター制御されている車両はあまり故障がないそうですが、古い車両は機器の更新をしていないため、故障することもあります。点検もれがないのはもちろんのこと、普段見えない部分にも、神経を研ぎ澄ませて作業します。電車の生命線である、屋根上のパンタグラフの点検も欠かせません。

一畑電車株式会社

雲州平田 検車庫・工場

〒691-0001
島根県出雲市平田町2226

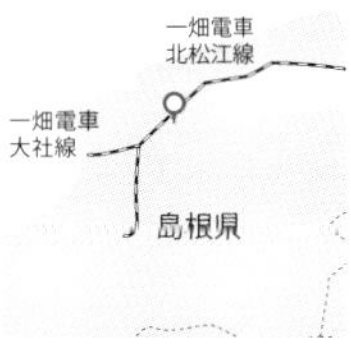

雲州平田駅では、人気の高いデハニ50形の体験運転も開催されています。内部は、製造当時の木造電車のまま。1,000回以上、体験運転された方もいるそうです。

山陰本線・西

SANIN LINE・WEST

折居－三保三隅駅区間沿線

江津－都野津駅区間沿線

起点：京都

西出雲　出雲神西　江南　小田　田儀　波根　久手　大田市　静間　五十猛　仁万　馬路　湯里　温泉津　石見福光　黒松　浅利　江津　都野津　敬川　波子　久代　下府　浜田　西浜田　周布　折居　三保三隅　岡見　鎌手　石見津田　益田　戸田小浜　飯浦　江崎　須佐　宇田郷　木与　奈古　長門大井　越ヶ浜　東萩　萩

終点：幡生

風光明媚な
車窓風景を楽しむ

出雲から西の山陰本線は趣が一転、ローカル列車が海沿いの自然の中を走るエリアになります。

島根の長い海岸線は、岩と砂が複雑で美しい風景を作り出しています。エメラルド色に輝く夏の海も、荒波の立つ冬の海も、小柄なディーゼルカーは各駅に停車しながら、その傍らを通り過ぎて行きます。石見銀山の積み出し港として栄えた温泉津など、石見地方も魅力的な温泉の宝庫です。

小さな駅に降り立つと、時間が止まったような錯覚をおぼえるかもしれません。日常を離れ、過ぎた時に思いを馳せるのも、ローカル線の旅ならではの楽しみでしょう。

出雲大社前
川跡
一畑電車
荘原
浜山公園北口
直江
南宍道
大津町
出雲市
加茂中
木次
P43
出雲神西
西出雲
P43
江南
P42
山陰本線
小田
P44
田儀
P45
波根
P45
久手
P44
出雲市
IZUMO
雲南市
UNNAN
大田市
P46
五十猛
静間
P48
大田市
ŌDA
P49
仁万
P48
P50
馬路
湯里
P50
P52
温泉津
黒松
石見福光
P51
飯南町
ĪNAN
美郷町
MISATO
P56
都野津
浅利
P52
P56
敬川
江津
P53
P54
山陰本線
波子
江津市
GŌTSU
久代
P57
下府
浜田
P58
P59
邑南町
ŌNAN
西浜田
周布
P60
P62
浜田市
HAMADA
P62
広島県
HIROSHIMA
岩国市
IWAKUNI

JR山陰本線

西出雲《にしいずも》 —— 萩《はぎ》 区間

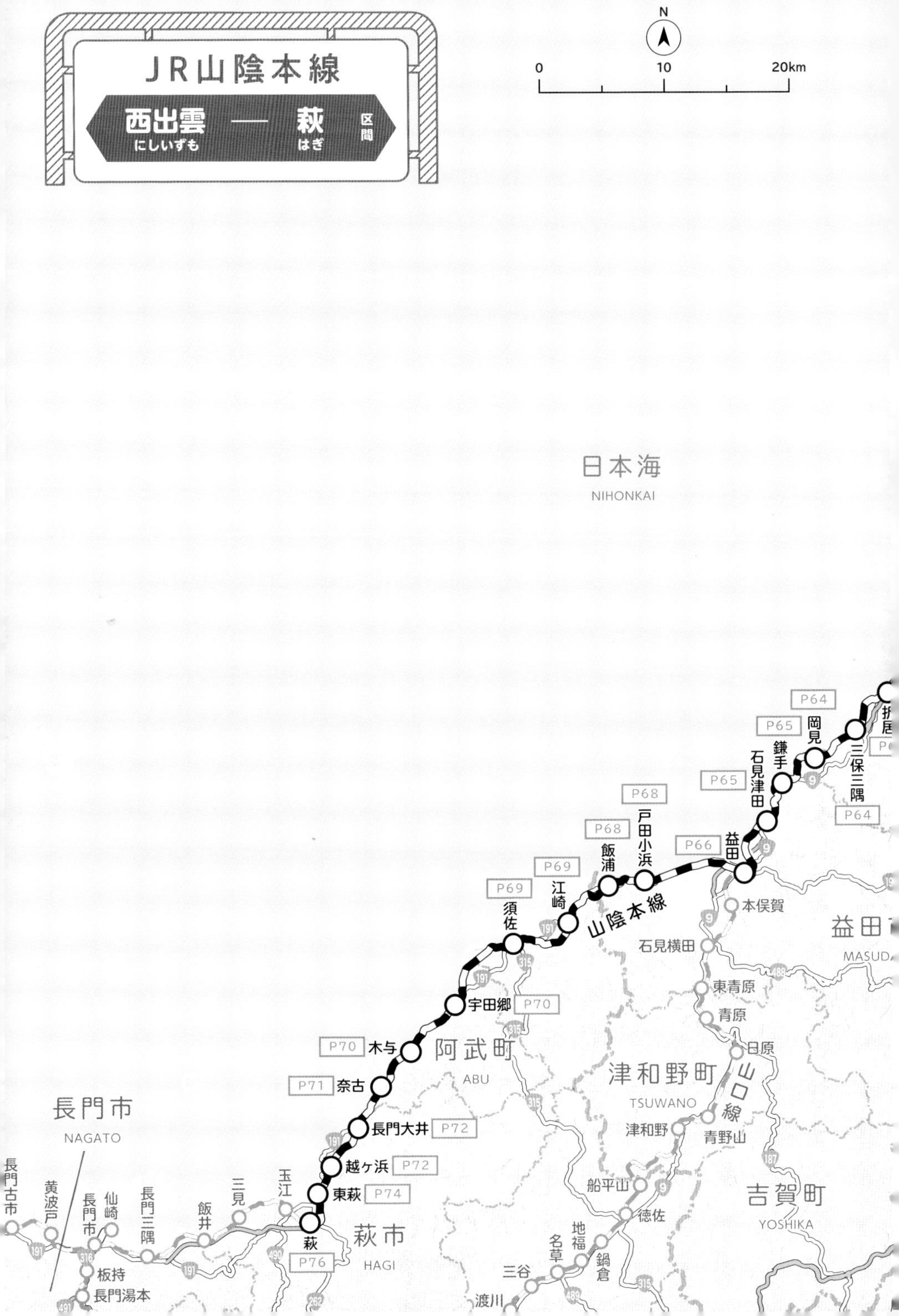

[1]大阪方面と書いてある看板は珍しい。[2]跨線橋から見た南口の街並み。かつては田畑が広がっていた。[3]ホームと駅名標。[4]西出雲駅南口待合室。かつては北口に駅舎があった。

3

1

2

4

Ekitabi No.014

◉島根県出雲市知井宮町嘉儀
◉西日本旅客鉄道㈱(JR西日本)
◉391.010km(京都起点)
◉大正2年(1913)11月21日
◉1面2線

非電化区間の玄関口

かつては地名である知井宮が駅名でしたが、1993年に西出雲駅に改称しました。駅舎にはガラス張りの待合室がありますが改札機能はなく、跨線橋の自由通路から直接島式ホームに入る形となっています。以前は駅の南側は田んぼでしたが、現在は大型プールの施設やニュータウンが広がっています。また、駅の西には特急やくもなどの基地となっている後藤総合車両所出雲支所があり、ここまでが電化区間となっています。

[1]出雲神西駅駅舎。[2]ホームからは車両基地を見ることができる。

出雲神西

いずもじんざい

IZUMOJINZAI

Ekitabi No.015

◉島根県出雲市東神西町
◉西日本旅客鉄道㈱（JR西日本）
◉392.990km（京都起点）
◉昭和57年（1982）7月1日
◉1面1線

駅設置当初は神西駅という名称でした。その後出雲大社口駅と改称されましたが、１９９９年に再び改称され、現在の駅名となりました。

駅名の由来となった神西湖は江戸時代に埋め立て工事が行われるまでは斐伊川が通っており、ここを通じて日本海に注いでいました。現在は宍道湖同様にシジミの名産地として知られています。

かつては開業以来100年以上使われていた駅舎がありましたが、２０２１年11月に解体され、２０２３年２月に新駅舎が完成しました。山陰で最も新しく作られた駅舎です。江南駅の名前はかつての自治体名です。

駅の近くを通る県道277号線はかつての国道９号で、沿線には現在でも商店が並んでいます。

江　南

こうなん

KŌNAN

Ekitabi No.016

◉島根県出雲市湖陵町三部
◉西日本旅客鉄道㈱（JR西日本）
◉395.140km（京都起点）
◉大正2年（1913）11月21日
◉1面2線

[1]江南駅ホーム。[2]江南駅駅舎。2023年に完成した島根県で最も新しい駅舎。

小田
おだ
ODA
Ekitabi No.017

●島根県出雲市多伎町多岐
●西日本旅客鉄道㈱（JR西日本）
●401.650km（京都起点）
●大正2年（1913）11月21日
●1面1線

現在の小田駅は２００５年に完成した比較的新しい駅舎です。山陰本線高速化事業の際に駅舎側の線路が撤去され、線路の跡にはバリアフリーに対応したスロープが設置されています。

駅の北東の砂浜には「道の駅キララ多伎」と隣接するキララビーチがあります。この砂浜から見る夕日は〝日本の夕陽百選〟に選ばれています。

[1]小田駅駅舎。[2]キララビーチは島根県屈指の海水浴場。

田儀
たぎ
TAGI
Ekitabi No.018

●島根県出雲市多伎町口田儀
●西日本旅客鉄道㈱（JR西日本）
●405.550km（京都起点）
●大正4年（1915）7月11日
●1面2線

田儀駅の駅舎も隣の小田駅と同じ２００５年に完成しました。駅の南側に広がる手引ヶ丘公園の案内所も兼ねる施設として造られました。

手引ヶ丘公園にはローラースライダー、アスレチック遊具、広場など子ども向けの設備がたくさんあり、中心施設として体験学習施設である「風の子楽習館」があります。

[1]田儀駅ホーム。左の２番線が１線スルー構造となっている。[2]田儀駅駅舎。

波　根

はね

HANE

Ekitabi No.019

◉島根県大田市波根町
◉西日本旅客鉄道㈱（JR西日本）
◉413.100km（京都起点）
◉大正4年(1915)7月11日
◉1面2線

波根駅は木造の駅舎が残っており、当時のきっぷ売り場なども残っています。波根駅の西側に広がる農地はかつては波根湖と呼ばれた湖で、江戸時代より埋め立てが徐々に始まり、１９５１年に完了しました。立神岩は山陰本線の車窓からもよく見える大田市を代表する景観で、かつて波根湖に存在した港の目印ともなっていました。

[1]波根駅駅舎。[2]立神岩は火山岩と火山灰の層で形成されている。

久　手

くて

KUTE

Ekitabi No.020

◉島根県大田市久手町波根西
◉西日本旅客鉄道㈱（JR西日本）
◉415.340km（京都起点）
◉大正4年(1915)7月11日
◉1面1線

久手駅は波根駅とほぼ似た構造となっています。違いとしては、1線撤去されており1面1線となっています。

駅から北へ15分ほど歩くと「波根西の珪化木」があります。これは２０００万年前の樹木が石化したものが海岸に突き刺さる形状をしているので、国の天然記念物に指定されています。

[1]久手駅ホーム。波根駅と同じく広い。駅舎も含めてほぼ同じ構造。[2]久手駅駅舎。

大田市駅駅舎。駅名の看板はかつては上にもあった。

世界遺産の玄関口

大田市駅は島根県内の山陰本線の非電化区間で、最初に特急列車が停車する地域の拠点駅です。駅開設当初は石見大田駅という名称でしたが、１９７１年に現在の駅名に変更されました。駅舎内にはお土産販売と観光案内所を兼ねた「銀山みやげ」という施設があります。駅構内にある島式ホームの跨線橋の柱は、１８９０年製の現存する日本最古の鋳鉄製門柱で、大田市駅開業前にどこかで設置さ

大田市
おおだし
ŌDASHI

Ekitabi No.021

◉島根県大田市大田町大田
◉西日本旅客鉄道㈱（JR西日本）
◉418.750km（京都起点）
◉大正4年（1915）7月11日
◉2面3線

[1]跨線橋の鋳鉄製門柱は日本最古のもの。「I.G.R. MAKERS KOBE 1890」の刻印がある。[2]大田市のマスコットらとちゃんの石像。[3]石見銀山の街並み。荒廃が進んでいた街も長い時間をかけてかつての姿を取り戻した。[4]ホームにある観光地の看板。それぞれバスで行くことができる。[5]跨線橋の天井は低く造られている。

4

5

1

2

3

れていたものが移築されたと言われています。

大田市駅からバスで30分ほどのところに世界遺産の石見銀山があります。石見銀山は江戸時代に日本最大の生産量を誇り、その銀は世界に流通していました。坑道跡である「龍源寺間歩」など多くの遺跡が残っています。大森地区の街並みは、過疎化などにより荒廃していた古民家を修復しかつての景観を取り戻したもので、〝重要伝統的建造物群保存地区〟に指定されています。

大田市は石見銀山などがあったために、幕府が直轄で統治をするいわゆる天領でした。そこから「天領さん」と呼ばれる大田市最大の夏祭りが開かれています。大田市街地のみならず、大森地区、久手地区でもイベントが開かれ、特に久手地区では花火大会が実施されます。

静　間

しずま

SHIZUMA

Ekitabi No.022

◉島根県大田市静間町
◉西日本旅客鉄道㈱（JR西日本）
◉421.760km（京都起点）
◉大正15年（1926）9月16日
◉1面1線

［1］静間駅駅舎。［2］静間駅ホーム。かつては２面３線であったが、島式ホームの跡がはっきりわかる。

静間駅は元々２面３線の単式と島式の複合型ホームでしたが、２００１年に島式ホームの２線が撤去され１面１線となった珍しい形になっています。

駅から３kmほど南に行くと、鬼が岩をつかんだ際の指の跡とされる「鬼岩」という奇岩があります。さらに南には、かつて「鬼村鉱山」という石膏の産地がありました。

五 十 猛

いそたけ

ISOTAKE

Ekitabi No.023

◉島根県大田市五十猛町
◉西日本旅客鉄道㈱（JR西日本）
◉424.350km（京都起点）
◉大正6年（1917）5月15日
◉1面2線

五十猛駅には、以前は駅舎がありましたが現在は撤去され、島式ホームへは築堤下の地下道を通って入ります。駅の敷地は比較的広く、保線用車両の留置線もあります。

五十猛の中心地は駅から西側に少し離れた大浦地区で、島根県最大のトンボロ（本土と陸繋島をつなぐ砂州）の中に街や漁港があります。

［1］大浦地区の海岸を望む。［2］五十猛駅入口。右の地下通路から島式ホームへ入る。

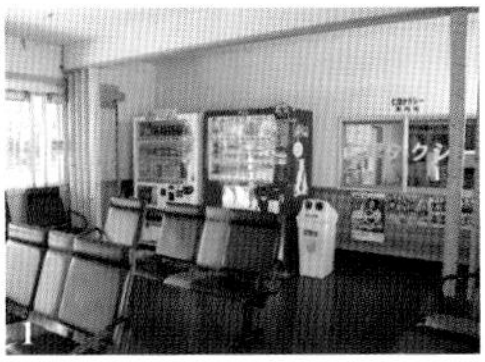

[1]仁万駅駅舎内。右には駅舎に入居しているタクシー会社の受付がある。[2]「仁摩サンドミュージアム」の建物。中には1年の時を刻む砂時計がある。[3]島式ホーム。ここも広めのホームとなっている。[4]仁万駅駅舎。

仁　万
にま
NIMA

Ekitabi No.024

◉島根県大田市仁摩町仁万
◉西日本旅客鉄道㈱（JR西日本）
◉430.470㎞（京都起点）
◉大正6年（1917）5月15日
◉1面2線

1年の時を刻む砂時計

仁万駅は木造の駅舎が現在でも残っており、タクシー会社の営業所があります。島式ホームへは構内踏切を渡って入ります。

駅の南東には仁万健康公園があり、その公園内には世界最大の砂時計が設置されている「仁摩サンドミュージアム」があります。館内の砂時計は1年計となっており、毎年12月31日には砂時計を半回転させて新年を祝う〝時の祭典〟が行われます。

馬路

まじ

MAJI

Ekitabi No.025

◉島根県大田市仁摩町馬路
◉西日本旅客鉄道㈱（JR西日本）
◉433.450km（京都起点）
◉大正7年（1918）11月25日
◉1面2線

［1］馬路駅。駅舎はなく、ここから仁万側に入口がある。［2］馬路駅独自の看板。

馬路駅にはかつて駅舎がありましたが、現在は撤去されています。

近くにある琴ヶ浜は美しい微小貝を含んだ鳴砂の浜として知られており、砂が乾いている時に鳴る「キュッキュッ」という音が〝日本の音風景100選〟に選ばれています。また、浜を構成する湾全体が２０１７年に国の天然記念物に指定されました。

湯里

ゆさと

YUSATO

Ekitabi No.026

◉島根県大田市温泉津町湯里
◉西日本旅客鉄道㈱（JR西日本）
◉436.370km（京都起点）
◉昭和10年（1935）5月1日
◉1面1線

かつては木造の駅舎で、当時は駅舎から階段を上がってホームに行っていました。現在はホーム横に駅舎が建てられています。

作家の難波利三氏は湯里の出身で、１９８４年に『てんのじ村』で直木賞を受賞しています。湯里駅には難波氏の書籍が展示されています。

［1］湯里駅ホーム。かつては待合室の先に階段があり、階段下に駅舎があった。［2］湯里駅駅舎。

[1]温泉街の真ん中にある元湯温泉。源泉は非常に高温。[2]駅舎内には温泉宿の一覧がある。[3]駅から温泉街に向かう道。ここから温泉街までは歩いて10分ほど。[4]温泉津駅駅舎。JAの事務所が併設されている。

温泉津
ゆのつ
YUNOTSU

Ekitabi No.027

●島根県大田市温泉津町小浜
●西日本旅客鉄道㈱（JR西日本）
●439.540km（京都起点）
●大正7年（1918）11月25日
●1面2線

湯の花の浮かぶ温泉へ

島根県有数の温泉街である温泉津温泉の玄関口として、特急列車も停車する駅です。駅舎はＪＡしまね温泉津支店との複合施設となっています。

温泉津温泉は１３００年もの歴史を誇ると言われており、温泉街として全国で唯一〝重要伝統的建造物群保存地区〟に指定されています。時が止まっているかのような、レトロな街並みを感じることができます。また港町は石見銀山の一部として、世界遺産に登録されています。

[1]石見福光駅駅舎。[2]福光石の採掘場。日本遺産の構成物となっている。

石見福光
いわみふくみつ
IWAMI-FUKUMITSU

Ekitabi No.028

- 島根県大田市温泉津町福光
- 西日本旅客鉄道㈱(JR西日本)
- 442.360km(京都起点)
- 昭和3年(1928)10月25日
- 1面1線

現在の駅舎は、待合室があるのみの小さい駅となっています。福光地区は400年以上続く福光石の採掘で知られており、石見銀山の羅漢寺にある五百羅漢像にはこの石が使われています。

旧温泉津町や旧仁摩町は「石見左官」と呼ばれる高い技術を持った職人を多く輩出しており、石見地区には多くの鏝《こて》絵《え》があります。

黒　松
くろまつ
KUROMATSU

Ekitabi No.029

- 島根県江津市黒松町
- 西日本旅客鉄道㈱(JR西日本)
- 445.190km(京都起点)
- 大正7年(1918)11月25日
- 1面2線

黒松駅周辺の線路は築堤の上にあり、周囲の街並みよりもかなり高い位置にあります。

駅前には「大島神社」がありますが、これは沖合の大島にある神社の仮殿となっています。例大祭では島にある本殿より御霊代を神輿に載せ、船で黒松海岸まで運んで仮殿にお迎えをします。

[1]交換設備のある1面2線。[2]黒松駅入口。駅舎はなく、踏切への入口があるだけ。

[1]浅利駅駅舎。かつては銀行の出張所があったが現在はATMを残すのみ。[2]島根県の海岸には多くの風力発電所の風車を見ることができる。

◉島根県江津市浅利町
◉西日本旅客鉄道㈱（JR西日本）
◉449.600km（京都起点）
◉大正7年(1918)11月25日
◉1面1線

かつては１面２線の島式ホームでしたが、駅舎側の線路が撤去され１線となっています。浅利駅には以前山陰合同銀行の出張所がありましたが、２０２０年９月に江津支店に統合され、現在はＡＴＭを残すのみとなっています。ホームからは工場群を挟んで海岸に広がる風力発電所の５機の風車を見ることができます。

山陰本線沿線風景

[1]小田－田儀駅区間沿線。
[2]馬路－湯里駅区間沿線。

江津駅駅舎。

江　津
ごうつ
GŌTSU
Ekitabi No.031

●島根県江津市江津町
●西日本旅客鉄道㈱（JR西日本）
●455.940km（京都起点）
●大正9年（1920）12月25日
●2面3線

三江線の思い出を辿る

開業当初は石見江津駅という名称でした。これは北陸本線に同じ読みである郷津駅が存在していたからと言われ、郷津駅が廃止された際に旧国名を外して江津駅に改称しました。駅舎は１９５７年に造られたもので、その形は竣工以来ほとんど変わっていません。ホームは２面３線あり、かつての三江線は３番線を発着していました。

駅の近くを流れる江の川は枝分かれしている河川も含めて長

[1]開業50周年の記念碑。2020年に100周年を迎えた。[2]江の川河口付近にある工場。中国地方随一の大河はここから日本海に注ぐ。[3]江津本町にある甍《いらか》街道。左は旧江津郵便局。[4]江津駅ホーム。奥には郷川橋梁が見える。[5]石州瓦の産地ということで瓦のモニュメントがある。

さ194kmと全国の河川で12番目の長さを誇っており、流域面積とともに中国地方最大の河川です。この江の川を越えるために造られた「郷川橋梁」は山陰本線屈指の難工事の場所であり、工期は同じく難工事と言われた余部橋梁よりも長いものでした。

駅の南にある江津本町は鉄道開通前の江津の中心地で、北前船の寄港地として陸路と海路、江の川の交通結節点として栄えました。現在でも旧江津町役場や郵便局などの古い建物が多く残っています。江津駅開業後に市街地は駅周辺となり、江の川河口には多くの工場が進出しました。

毎年8月16日に行われる江の川祭は花火大会や灯篭流し、江津市音頭パレードなど、夏の風物詩として半世紀近くの歴史があります。

［1］都野津駅駅舎。［2］江津方面に向かうキハ120。

都野津
つのづ
TSUNOZU

Ekitabi No.032

◉島根県江津市都野津町都野津
◉西日本旅客鉄道㈱（JR西日本）
◉460.260km（京都起点）
◉大正9年（1920）12月25日
◉2面2線

都野津駅は高校の最寄り駅となっているため、朝夕は学生の利用が多くあります。

元々は2面3線のホームでしたが、1線旅客用の線路が撤去された後、新たに駅の北側にあるPCマクラギ工場の積み出し用の線路が新設されました。ここから保線用の貨車で積み出しが行われています。

敬川駅は開設当初から駅舎はなく、小さい待合室がある小さな駅です。

国道9号を渡ると中田屋本舗があります。名物の敬川饅頭は黒糖を使った生地と甘味のこしあんが絶妙な田舎まんじゅうです。駅の西側には駅名の由来となった敬川が流れており、春には拡張工事の際に植えられた500本もの桜が美しい風景を作り出します。

敬川
うやがわ
UYAGAWA

Ekitabi No.033

◉島根県江津市敬川町敬川
◉西日本旅客鉄道㈱（JR西日本）
◉462.100km（京都起点）
◉昭和34年（1959）4月1日
◉1面1線

［1］駅前の交差点にある中田屋本舗。敬川饅頭は江津市の名菓として知られている。［2］敬川駅ホーム。駅舎はなく、待合室とトイレがあるのみ。

[1]波子駅ホーム。特急列車も停車する。[2]駅舎の裏には木々が植えられている。[3]「島根県立しまね海洋館アクアス」外観。シロイルカのバブルリングはアクアスの名物パフォーマンス。[4]波子駅駅舎。地区の会館も兼ねた施設となっている。

波子
はし
HASHI
Ekitabi No.034

◉島根県江津市波子町
◉西日本旅客鉄道㈱（JR西日本）
◉464.940km（京都起点）
◉大正10年（1921）9月1日
◉1面2線

バブルリングに誘われて

２０００年に駅の西側に「島根県立しまね海洋館アクアス」が開業し、それに伴って特急停車駅となるなど脚光を浴びました。アクアス開業に合わせて江津市による駅舎の改装工事が行われ、駅舎内に新たに波子駅会館が設置されました。

波子は江戸時代より北前船の寄港地で、石州瓦の取引などで活況を呈していました。駅前には歴史を重ねた石州瓦の家々が建ち並んでいます。

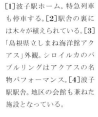

[1]久代駅の駅名標と待合室。[2]ホームは木に囲まれており、秘密基地のような雰囲気もある。

◉島根県浜田市久代町
◉西日本旅客鉄道㈱（JR西日本）
◉467.170km（京都起点）
◉昭和34年（1959）3月1日
◉1面1線

石見地方の山陰本線の駅としては比較的内陸にあります。線路はこの辺りの丘陵地帯を貫くように通っていて、久代駅はその丘の上に造られています。

やや急な坂を下ると民家が数件ありますが、久代地区の中心は少し離れた国道9号沿いにあります。

駅旅スナップ
The landscape

山陰本線沿線風景

[1]波子－久代駅区間沿線。

[2]西浜田－周布駅区間沿線。

[1]「石見畳ヶ浦」は国の天然記念物に指定されている景勝地。[2]待合室にはたくさんの鉄道関連の写真が展示されている。[3]下府駅ホーム。反対側は幻の今福線のホームになるはずだった敷地が残る。[4]下府駅駅舎。

●島根県浜田市下府町
●西日本旅客鉄道㈱（JR西日本）
●471.250km（京都起点）
●大正10年（1921）9月1日
●2面2線

幻の今福線の始発駅

下府駅は国鉄時代の駅舎が残っており、待合室には開業当時の駅などの写真が展示してあります。駅より北に行くと国の天然記念物である「石見畳ヶ浦」があります。入口のトンネルを抜けると、およそ１６００万年前の地層を見て歩くことができます。無数の貝の化石や鯨の化石などを見ることができ、波の侵食によってできたノジュールといわれる塊やマグマの跡などが広がっています。

浜田駅駅舎。有人の橋上駅舎としては島根県唯一。

石見地方の中心都市

浜田駅は石見地方の中心駅であり、２００９年に完成した駅舎は島根県で唯一の有人改札のある橋上駅舎となっています。駅の構内には観光協会があり、北口にはかつて貨物ヤードがありましたが、その跡地は国立病院機構浜田医療センターとなっていて、駅の南北自由通路と直結しています。駅の北には「後藤総合車両所出雲支所浜田派出所」があり、ここには出雲市から益田までを走るキハ120が配置

浜　田
はまだ
HAMADA

Ekitabi No.037

●島根県浜田市浅井町
●西日本旅客鉄道㈱（JR西日本）
●474.930km（京都起点）
●大正10年（1921）9月1日
●2面3線

[1]漁港にある、「はまだお魚市場」。カレイやノドグロ、アジが有名。[2]週末に石見神楽を定期上演している三宮神社。[3]駅前にある「どんちっち神楽時計」。どんちっちは石見神楽の囃子を文字に表したもの。魚のブランド名などにも使われている。[4]橋上駅舎の改札口。[5]３番乗り場から自由通路を見る。自由通路は駅の北にある国立医療センターと直結している。

4

1

2

5

3

されています。かつては寝台特急「いずも」が乗り入れるなどさまざまな車両が浜田駅に配置されていました。

石見地方の伝統芸能である石見神楽は全体で130を超える社中と呼ばれる団体が存在し、町の神社の祭礼の際に奉納したり、道の駅などのステージで定期公演をするなどさまざまな場所で演じられています。浜田市はその中心であり、２００５年には駅前に「どんちっち神楽時計」が設置されました。どんちっちとはお囃子のリズムを子どもたちがこのように呼んだことに由来しています。

浜田港は島根県最大の漁港です。特に塩干カレイは全国の35％のシェアを誇ります。その他にもノドグロやアジは「どんちっち」の名を冠してブランド化するなどさまざまな魚種が水揚げされています。

[1]西浜田駅駅舎。かつては左に長かったが現在は小さくなっている。[2]かつての浜田港線の線路跡。現在は緑地帯となっている。

西浜田
にしはまだ
NISHI-HAMADA

Ekitabi No.038

◉島根県浜田市熱田町
◉西日本旅客鉄道㈱（JR西日本）
◉480.300km（京都起点）
◉大正11年（1922）3月10日
◉2面3線

西浜田駅には横に長い駅舎がありましたが、待合室を残して撤去されました。

浜田港は東西に大きく、東側は漁港、西側は商港と呼ばれています。この駅からかつては浜田港線と呼ばれる貨物線が延びていました。現在でもその跡が緑地帯としてはっきりと残っている箇所があります。

周布
すふ
SUFU

Ekitabi No.039

◉島根県浜田市治和町
◉西日本旅客鉄道㈱（JR西日本）
◉484.410km（京都起点）
◉大正11年（1922）3月10日
◉1面1線

周布駅の駅舎は国鉄時代からのものが残っており、かつての事務室は社会福祉団体の事務所として活用されています。

駅の南にある「聖徳寺」には、第二次長州征伐の折りに戦闘によってできた弾痕が現在も残っています。その際、幕府方であった浜田藩は、本拠地である浜田城が落城しています。

[1]当地は第二次長州征伐の激戦地。「聖徳寺」には戦闘の痕跡が残されている。[2]周布駅駅舎。

[1]島式ホームへは駅舎から跨線橋を使って入る。[2]「ゆうひパーク三隅」を通過するキハ187。山陰本線屈指の撮影スポット。[3]折居駅駅舎。

折　居

おりい

ORII

Ekitabi No.040

●島根県浜田市折居町
●西日本旅客鉄道㈱（JR西日本）
●489.170㎞（京都起点）
●大正13年（1924）4月1日
●1面2線

海岸まで徒歩10秒

目の前に日本海の絶景が広がる駅として知られています。山陰本線の各駅には観光地の看板が設置されていますが、この駅は「折居海水浴場―駅前」とだけ書いてあります。駅の横には浜田市の名物であるヨシタケコーヒーを飲めるカフェがあります。

国道9号にある「道の駅ゆうひパーク三隅」は山陰本線屈指の鉄道写真の撮影スポットであり、列車の通過時間が書かれた看板も設置されています。

三保三隅

みほみすみ

MIHO-MISUMI

Ekitabi No.041

◉島根県浜田市三隅町西河内
◉西日本旅客鉄道㈱（JR西日本）
◉494.150km（京都起点）
◉大正11年（1922）9月1日
◉2面3線

三保三隅駅は旧三隅町の中心駅で2面3線の広い敷地を持ちます。駅舎の待合室も広く造られており、かつては売店などもありました。駅前には元田肇初代鉄道大臣の書による鉄道開通記念碑があります。この駅が最寄りの「石正美術館」は、地元出身で戦後画壇を代表する画家・石本正氏から寄贈された作品を展示するために建てられた施設です。

1

2

［1］三保三隅駅駅舎。［2］「石正美術館」は三隅町出身の石本正氏の作品を数多く収蔵している。

岡　見

おかみ

OKAMI

Ekitabi No.042

◉島根県浜田市三隅町岡見
◉西日本旅客鉄道㈱（JR西日本）
◉499.170km（京都起点）
◉大正15年（1926）4月1日
◉1面2線

駅舎の待合室には手芸の作品が展示されています。島式ホームへはトンネルを通って階段を登って入ります。

岡見駅と三保三隅駅の間には1992年に新たにトンネルが掘られ、新線が敷設されました。2駅の間には火力発電所があり、発電所の物資を運ぶ旧線を活用した専用線に貨物列車が走っていました。

1

2

［1］岡見駅駅舎。地元の集会所としても利用されている。［2］右が新線、左が旧線のトンネル。左の旧線は貨物専用線として活用されていた。

●島根県益田市西平原町
●西日本旅客鉄道㈱（JR西日本）
●504.280㎞（京都起点）
●大正12年（1923）12月26日
●2面2線

鎌手駅は築堤の上にあり、ホームへは階段かスロープを上り、反対ホームへは地下道を通ります。かつては木造の駅舎がありましたが、国道9号の拡張工事が行われた際に拡張部分に駅の敷地がかかったために撤去されました。「唐音水仙公園」は冬に水仙が満開になるほか、海沿いには国の天然記念物の「唐《から》音《おと》の蛇岩《じゃがん》」があります。

[1]相対式ホーム。反対側にも駅の入口があり、地下通路で行き来をする。[2]「唐音の蛇岩」と呼ばれる珍しい岩脈は国の天然記念物。

●島根県益田市津田町
●西日本旅客鉄道㈱（JR西日本）
●508.800㎞（京都起点）
●大正12年（1923）12月26日
●2面2線

石見津田駅には２０１８年の駅舎の内部改装以降、地域活性化事業の一環としてパン屋が入っており、駅で焼かれたパンを楽しむことができます。

駅からすぐの津田海岸は、かつては駅に近い海水浴場として鉄道を使って多くの利用客がありました。現在でもさまざまな海のレジャーを楽しむことができます。

[1]駅舎内にはパン屋がある。[2]石見津田駅駅舎。

益田駅駅舎。山口線、山陰本線ともに益田延伸100周年を迎えた。

益　田

ますだ

MASUDA

Ekitabi No.045

●島根県益田市駅前町
●西日本旅客鉄道㈱（JR西日本）
●516.050km（京都起点）
●大正12年（1923）12月26日
●2面3線

石西文化の中心地

益田駅は島根県石見地方の西側、石西地方の中心駅であり、東西から山陰本線が、南からは山口線が乗り入れています。当初の駅名は石見益田駅でしたが、１９６６年に現在の駅名となりました。

駅舎は１９６１年に建てられたもので、鉄筋コンクリート製の２階建てで、駅名の看板が屋上にあるなど１９６０年代に建てられた島根県の駅舎の特徴を色濃く残しています。

[1]柿本神社。境内を含めた一帯は「島根県立万葉公園」として整備されている。[2]駅から東にある「グラントワ」。約28万枚の石州瓦が使われている。[3]益田駅ホームにある柿本人麻呂像。[4]朝のラッシュ時に3つのホーム全てが埋まり、各方面へそれぞれ出発する。[5]益田駅開業100周年を記念して、地元高校生により約100枚のべんがら染めが飾られている。

駅舎から線路を挟んだ地区はかつては田んぼが広がり、市街地が形成されていったのは1970年代に入ってからでした。駅の西にある大和紡績益田工場にはかつて貨物専用線があり、貨物列車で原材料などを運んでいました。

石見地方は柿本人麻呂ゆかりの地とされており、益田市内には神社や公園など、柿本人麻呂や数多くの作品を残している『万葉集』にちなんだ施設が多くあります。駅の改札口の付近には「人麿公像」が置かれています。

駅から東に1kmほどのところにある島根県芸術文化センター「グラントワ」は県立の美術館と劇場を備えた複合施設で、屋根と壁一面には約28万枚もの石州瓦が使われています。

戸田小浜

とだこはま

TODA-KOHAMA

Ekitabi No.046

◉島根県益田市戸田町
◉西日本旅客鉄道㈱（JR西日本）
◉525.890km（京都起点）
◉大正14年（1925）3月8日
◉2面2線

戸田小浜駅は木造の駅舎が残っており、かつてはＪＡの店舗が入るなどしていましたが、現在は完全に無人の駅となっています。

駅のある戸田町は柿本人麻呂の生誕地とされており、駅前には柿本人麻呂生誕地と記されている記念碑などが置かれています。

［1］戸田小浜駅駅舎。かつてあったJRの事務所は現在は別のところに移転している。［2］戸田小浜駅ホーム。

飯　浦

いいのうら

IINOURA

Ekitabi No.047

◉島根県益田市飯浦町
◉西日本旅客鉄道㈱（JR西日本）
◉529.590km（京都起点）
◉昭和2年（1927）6月19日
◉1面1線

飯浦駅には木造の駅舎がありましたが、２０１９年に老朽化のため解体され、真新しい駅名標のみが立っています。高い位置にあるので駅へは長く傾斜のある坂道を登ります。飯浦海岸は益田十景の一つで一帯に日本海の荒波によって形成された多くの岩や崖などがあり絶景を見ることができます。

［1］飯浦駅ホーム。［2］飯浦駅入口。かつての駅舎は存在しない。

[1]江崎駅駅舎。[2]現在でも簡易委託できっぷが売られている。

江崎
えさき
ESAKI

Ekitabi No.048

◉山口県萩市下田万
◉西日本旅客鉄道㈱（JR西日本）
◉533.800km（京都起点）
◉昭和3年（1928）3月25日
◉1面1線

かつては2面2線の相対式ホームで跨線橋などもありました。現在は棒線駅となっており、跨線橋の跡などをはっきりと見ることができます。

駅の北西側に江崎地区の中心部があります。「西堂寺六角堂」は1696年にお堂が再建された際、海の強い風に耐えられるように、六角の形が考えられました。

[1]日本初の時刻表を作った手塚猛昌の記念碑。[2]須佐駅駅舎。福祉センターが併設されている。

須佐駅の駅舎は比較的新しく、福祉センターなども入っています。駅前には1894年に『汽車汽船旅行案内』を発刊し、時刻表の父と呼ばれる手塚猛昌の石碑があります。

「須佐ホルンフェルス」は須佐地区を代表する観光地で、畳岩は灰白色と黒色の縞模様が美しく、〝日本の地質百選〟に選ばれています。

須佐
すさ
SUSA

Ekitabi No.049

◉山口県萩市須佐水海
◉西日本旅客鉄道㈱（JR西日本）
◉540.400km（京都起点）
◉昭和3年（1928）3月25日
◉2面2線

[1]宇田郷駅入口。待合室も簡易的な造り。[2]山陰本線最後の工事区間である惣郷川橋梁。

宇田郷

うたごう

UTAGŌ

Ekitabi No.050

◉山口県阿武郡阿武町宇田
◉西日本旅客鉄道㈱（JR西日本）
◉549.200km（京都起点）
◉昭和6年（1931）11月15日
◉1面1線

宇田郷駅には２０１９年まで木造の駅舎がありましたが、現在は撤去されバス停のような小さい待合室があるのみとなりました。目の前の国道を挟んで海岸が広がっており、海に近い駅となっています。

駅の北には673・８kmを誇る山陰本線最後の工事区間である「惣郷川橋梁」があります。

木与駅は１９８０年に造られたコンクリートの駅舎と、待合室があります。相対式ホームの下り線ホームへは、かつては跨線橋を渡って行きましたが、海沿いにあるので腐食が進んだため撤去されました。現在は駅の外にある近くの線路をくぐって下り線ホームに行きます。

木与

きよ

KIYO

Ekitabi No.051

◉山口県阿武郡阿武町木与
◉西日本旅客鉄道㈱（JR西日本）
◉555.6km（京都起点）
◉昭和6年（1931）11月15日
◉2面2線

[1]駅構内には反対ホームへ行く方法はないので１回外に出る。[2]木与駅駅舎。

[1]右の島が男鹿島、左が女鹿島。夫婦島の近くに道の駅があり、恋人の聖地として認定されている。[2]モニュメントの間を夕日が通る。[3]奈古駅ホーム。かつては相対式ホームで現在も反対側は残されている。[4]奈古駅駅舎。開業当時のまま残されている。

◉山口県阿武郡阿武町奈古
◉西日本旅客鉄道㈱（JR西日本）
◉560.200km（京都起点）
◉昭和4年(1929)4月24日
◉1面1線

いつまでも夫婦円満に

奈古駅は阿武町の中心駅で、近くには町役場があります。駅舎は昭和4年に造られたものが現在でも現役で使われています。この駅もかつては相対式2面2線のホームがありましたが、現在は1面1線のみ使われていて、向かい側のホームには遺構が残っています。道の駅阿武駅の沖合には「夫婦島」があり、道の駅にあるモニュメントタワーはその2つの島に向けて鐘を鳴らす恋人の聖地に山口県で初めて認定されました。

[1]長門大井駅駅舎。駅前は定期的に整備されている。[2]駅の西側にある萩焼窯元松光山の直売所。

長門大井
ながとおおい
NAGATO-ŌI

Ekitabi No.053

●山口県萩市大井
●西日本旅客鉄道㈱(JR西日本)
●564.500km(京都起点)
●昭和4年(1929)4月24日
●2面2線

長門大井駅には国鉄時代の駅舎が現在も残っており、かつては駅舎内で理髪店が営業をしていました。ホームには跨線橋があり、上り線へはここを渡ります。

萩市は萩焼の産地として知られており、「一楽二萩三唐津」と称されています。市内の各地や、隣の長門市にまでさまざまな窯元が存在しています。

越ヶ浜
こしがはま
KOSHIGAHAMA

Ekitabi No.054

●山口県萩市椿東
●西日本旅客鉄道㈱(JR西日本)
●564.500km(京都起点)
●昭和35年(1960)4月1日
●1面1線

越ヶ浜駅は１９６０年に造られた比較的新しい駅です。築堤の上に造られているため、ホームへは階段を登って入ります。

駅の南に行くと世界遺産の「萩反射炉」があります。萩藩が１８５６年に建設したもので、現存する反射炉はこの萩のものと静岡の韮山反射炉のみとなっています。

[1]越ヶ浜駅入口。築堤の上にあるため階段を使って入る。[2]萩の反射炉は世界遺産の構成物。

1

駅旅スナップ
The landscape

山陰本線沿線風景

[1]岡見－鎌手駅区間沿線。[2]岡見－鎌手駅区間沿線。[3]石見津田－益田駅区間沿線。[4]周布－折居駅区間沿線。

2

4

3

東萩駅駅舎。かつてはステーションホテルがあるなど先駆的な造りだった。

東　萩
ひがしはぎ
HIGASHI-HAGI

Ekitabi No.055

◉山口県萩市椿東
◉西日本旅客鉄道㈱（JR西日本）
◉572.000km（京都起点）
◉大正14年（1925）11月1日
◉2面3線

明治維新はここから始まる

東萩駅は萩市の中心駅で、かつては特急「まつかぜ」や「いそかぜ」などが停車し、準急「あきよし」の始発駅となるなど多くの優等列車が止まっていました。現在は観光列車「○○のはなし」の始発駅となっています。開業当初の駅舎は洋風建築でしたが、老朽化のために建て替えることとなり、萩城を模した現在の駅舎となりました。

萩市の鉄道は三角州となっている市街地を囲むように走って

[1]吉田松陰を祀る松陰神社。[2]松下村塾の建物は国指定史跡に指定されている。[3]歴史的な街並みの中に夏みかんの木が植えられており、5月ごろが見頃となる。[4]東萩駅ホーム。現在は駅員がいない無人駅となっている。[5]瑞風停車駅のため専用のゲートが作られている。

います。街の中心にある萩城は関ヶ原の合戦で敗れた毛利輝元が広島から移封となり建てられた城で250年もの間、この地の政治的中心地となっていました。

萩市は伊藤博文、高杉晋作、山縣有朋、木戸孝允など明治維新のキーパーソンを多く生み出した地域ですが、その多くの人材を育てたのが吉田松陰です。吉田松陰の松下村塾が輩出した塾生の多くが、明治新政府の中枢で活躍しました。東萩駅の南東には当時の建物が残っており、松下村塾は国指定史跡に指定されています。また、その近くには吉田松陰を祀る松陰神社があります。

萩市の名産である夏みかんは、明治維新後に栽培が始まり、武家屋敷が並ぶ地区では観賞用として至るところで夏みかんが植えられています。

2

[1]鉄道の父・井上勝の像。[2]駅舎の左端にある駅入り口。[3]萩駅駅舎。駅舎の大半は資料館として使われている。

3

鉄道の父の生まれ故郷

萩駅には、国鉄美祢線の開通にともない建設された駅舎が残っています。欄間がついた上下窓や、柱や梁が露出するハーフティンバー構造と呼ばれるつくりとなっています。本来の駅機能は東萩駅寄りの一部分で、駅舎の大半は「萩市自然と歴史の展示館」となっています。

駅前には〝鉄道の父〟と称される井上勝の銅像が設置されており、展示館には関連する資料などが展示されています。

萩
はぎ
HAGI

Ekitabi No.056

●山口県萩市椿
●西日本旅客鉄道㈱（JR西日本）
●575.800㎞（京都起点）
●大正14年（1925）4月3日
●2面2線

EKITABI COLUMN 1

鉄道の父 井上 勝

Inoue Masaru HISTORY

井上 勝 略歴

・1843年　長州藩士・井上勝行の三男として萩城下に生まれる。
・1863年　国禁を破って密航し、イギリスのロンドン大学へ留学する。
・1868年　年号が明治となった日本に帰国する。
・1890年　初代鉄道庁長官に就任し、貴族院議員にも選ばれる。
・1910年　鉄道院顧問として欧州鉄道視察中にロンドンで亡くなる（享年68）。

萩駅の駅舎前には、近代日本の礎を築いた長州ファイブの一人で、「鉄道の父」と称される井上勝の銅像「井上勝 志気像」が建立されています。この銅像は、イギリス留学中に撮影された写真をモチーフに、鉱山や鉄道を学んだ若き日の姿をイメージして制作されました。

萩城下土原に生まれ萩市内で幼少期を過ごした井上勝は、成長すると同じ長州藩士の伊藤博文・井上馨・山尾庸三・遠藤謹助と共にイギリスのロンドン大学に秘密留学をします（のちにこの5人は「長州ファイブ」と称されます）。そこで最新の鉱山技術・鉄道技術などを学び、日本へ戻ると明治新政府に出仕し、鉄道頭となって新橋－横浜間の鉄道敷設を指揮して翌年には開通させました。日本は明治維新からたった数年にして、鉄道を持つ国になったのです。

その後も生涯を賭けて鉄道事業による日本の近代化に尽力した井上勝でしたが、68歳の時に鉄道視察中のロンドンで亡くなりました。鉄道に人生を捧げたその生きざまは、現在に至るまで特に鉄道関係者から大変な尊敬の念を集めています。その功績をたたえ、東京駅前にも銅像が建立されています。

○関連施設

井上勝 志気像（JR萩駅前広場）

2016年10月に建立。高杉晋作、久坂玄瑞に続く、萩まちじゅう博物館銅像建立委員会による3作目の銅像。

萩市自然と歴史の展示館（萩駅内）

萩の自然や歴史を紹介する展示館として公開され、井上に関する資料なども展示している。

萩博物館（萩市堀内）

「萩」をテーマにして、自然・歴史・民俗・産業等に関する資料を保管・展示している。

井上勝旧宅跡（萩市土原）

外観のみ見学可。個人所有のため敷地内には入れない。

旧萩藩校明倫館（萩市大字江向）

井上も通った長州藩の藩校明倫館は、当時「西日本一」と称されるほど充実した教育施設だった。

出雲市駅⇄大田市駅

駅旅SPOT

Sanin-Line **山陰本線**

駅間距離｜約 **32.5** km

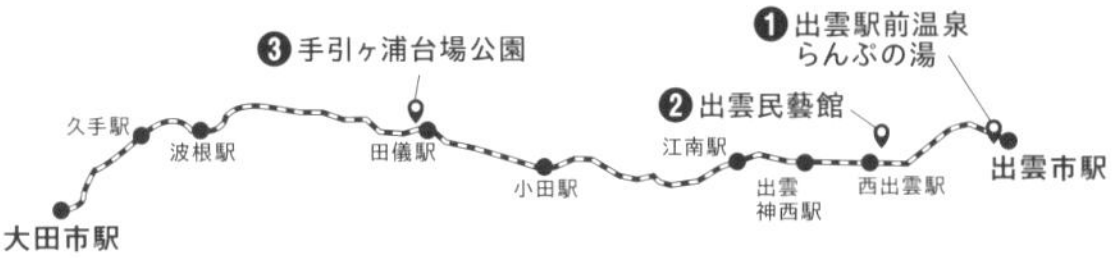

ACCESS

海風が運ぶ、潮の香りと懐かしい記憶

出雲市街地を通り、山を抜けると広がるのは雄大な日本海。ランプが特徴的な温泉や民藝品の展示など、どこかレトロな雰囲気が漂うエリアです。

❶出雲駅前温泉らんぷの湯

地下1,800mから引くお湯は、なんと20種類もの効能が。館内には約70個のランプが設置され、レトロな雰囲気が漂います。ランプの灯りと、香りの良い檜風呂でゆったり癒しのひと時を。

島根県出雲市駅南町1丁目3-3

最寄り駅 出雲市駅→徒歩２分

❷出雲民藝館

出雲きっての豪農の邸宅を一部改修した建物で、民藝品が展示されています。山陰を中心に、全国から集めた選りすぐりの品々を扱う売店もあり、お土産を探すのもおすすめです。

島根県出雲市知井宮町628

最寄り駅 西出雲駅→徒歩11分

❸手引ヶ浦台場公園

出雲神話ゆかりの浜辺「手引ヶ浦」を見下ろす台場（幕末期の砲台）を復元した公園です。和式・洋式の２種類の大砲と広大な日本海が織りなすダイナミックな景色は必見です。

島根県出雲市多伎町口田儀489-5

最寄り駅 田儀駅→徒歩４分

大田市駅⇄浜田駅

駅旅SPOT

Sanin-Line **山陰本線**

駅間距離｜約**56.2**km

ACCESS

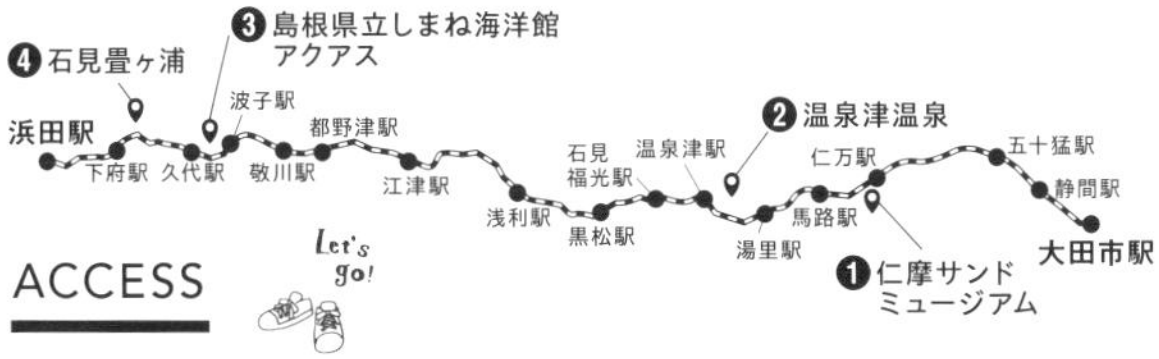

真っ白な砂浜と、コバルトブルーの海が広がる港町

日本海に面した美しい海岸線に沿って線路が走るこのエリア。美しい砂浜や積出港で栄えた温泉地など、港町の魅力が詰まったスポットがたっぷりです。

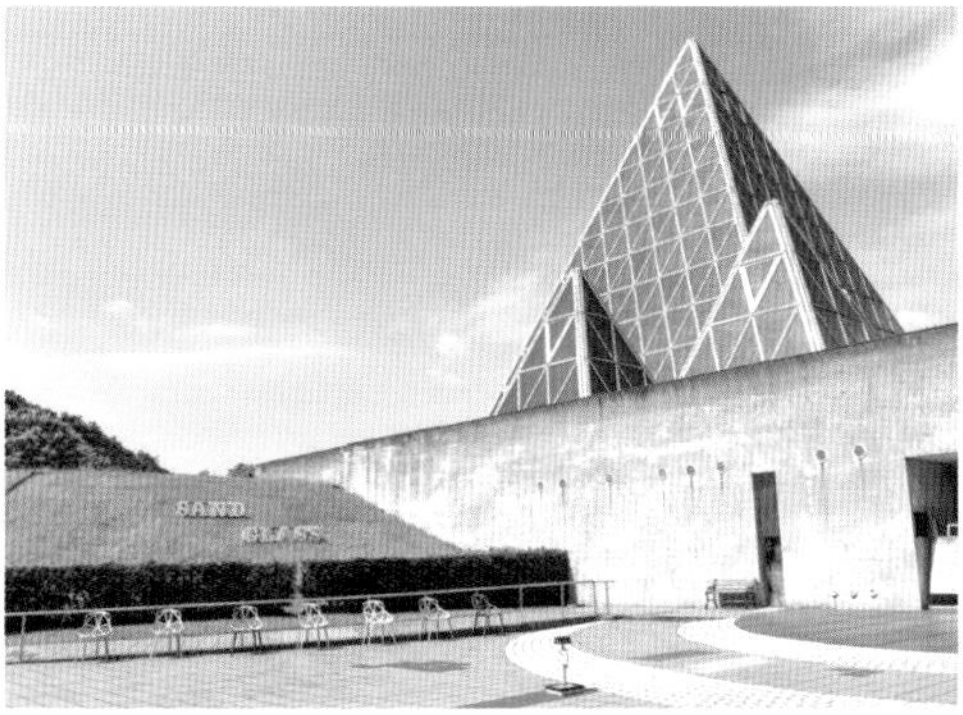

❶仁摩サンドミュージアム

「砂暦」という世界一大きな１年計砂時計がある、砂の博物館。

砂のオブジェや世界及び日本各地の砂の標本が常設展示されているだけでなく、砂絵やガラス工芸体験（有料）もできます。

島根県大田市仁摩町天河内975
最寄り駅 仁万駅→徒歩10分

❷温泉津温泉

石見銀山の一角で、積み出し港としてにぎわった温泉津。

温泉街にはカフェがあったり、神楽の定期公演が見られる神社があったりと、温泉以外にも色々な楽しみ方ができそうです。

島根県大田市温泉津町温泉津
最寄り駅 温泉津駅→バス５分

島根県立しまね海洋館「幸せのバブルリング」®

❸島根県立しまね海洋館 アクアス

中四国最大級を誇る水族館。

『幸せのバブルリング』®で有名なシロイルカを見ることができるのは、西日本で唯一ここだけ。

また、出雲神話に登場する大型のサメやエイなどを集めて展示する「神話の海」も見逃せません。

島根県浜田市久代町1117－２
最寄り駅 波子駅→徒歩12分

❹石見畳ヶ浦

国の天然記念物に指定されている景勝地。

洞窟をくぐると1600万年前の地層と、不思議な形をした岩たちが。

鏡のような水面で、まるで南米のウユニ塩湖のような映え写真が撮れちゃいます。

島根県浜田市国分町
最寄り駅 下府駅→バス＋徒歩20分

EKITABI COLUMN ②

幻の未成線 今福線

IMAFUKU LINE

広島と浜田を結ぶ夢の路線

明治後期に広島と島根よりそれぞれを結ぶ鉄道の請願書が出されて以降さまざまな請願をした結果、大正時代に計画線には入ったものの、実際着工したのはそれからかなりの年数を経た１９３３年のことでした。

広島側、島根側が同時着工をし、広島側は現在の可部線にあたる区間です。島根側の当時の始発駅は下府駅であり、下府駅から石見今福駅までの15kmに及ぶ路線の新設工事が行われました。12個のトンネルと12個の鉄橋、７つのコンクリートアーチ橋が作られる計画で、かなりの部分が完成していました。

しかし、１９３７年から始まった戦争は徐々に激化し、１９４０年には建設工事の中止が決定されました。

[1] 今福線（旧線）の橋脚群。[2] 橋を渡るとすぐに隧道（トンネル）がある。[3] 美しい姿をとどめる旧線のコンクリートアーチ橋。

参考：島根県技術師会「今福線マップ」

幻の「狭軌新幹線」計画

戦後、長い間中断されていた工事を再開させる動きが始まりました。最初の計画から半世紀以上が経過し、これまでの計画では速度が出せないことから、浜田駅から石見今福駅までトンネル区間と直線区間を多くした計画となりました。当時はこれを「狭軌新幹線」とも称していました。

１９７０年に新路線の工事が開始されましたが、１９８０年、国鉄の経営難のため工事は中止。智頭線のように別組織に引き継がれることはありませんでした。

しかし、旧線で作られたアーチ橋などの一連の遺構が高く評価され、２００８年に公益社団法人土木学会より「選奨土木遺産」に認定されました。現在では幻の広浜鉄道として鉄道ファンや建築ファンが訪れる場所となっています。

一畑電車・北松江線

ICHIBATA DENSHA KITAMATSUE LINE

布崎－雲州平田駅区間沿線

雲州平田駅

起点：電鉄出雲市
終点：松江しんじ湖温泉

電鉄出雲市
出雲科学館パークタウン前
大津町
武志
川跡
大寺
美談
旅伏
雲州平田
布崎
湖遊館新駅
園
一畑口
伊野灘
津ノ森
高ノ宮
松江フォーゲルパーク
秋鹿町
長江
朝日ヶ丘
松江イングリッシュガーデン前
松江しんじ湖温泉

一畑薬師参詣のために つくられた路線

一畑薬師への参詣客輸送を目的に敷設された一畑電車。始まりは軽便鉄道でしたが、1927年に電化され、路線も延長されていきました。

北松江線は出雲市と松江市とを結び、宍道湖北岸を走る路線です。「電鉄出雲」―「一畑口」間は出雲平野を走るので、ほぼ平坦で直線区間が多いのが特徴。一畑口駅は、平地でスイッチバックする珍しい駅です。「一畑口」―「松江しんじ湖温泉」間は宍道湖沿いを走るためカーブが多くなっていますが、車窓からの景色は抜群です。

雲州平田駅には、電化された当時の車両「デハニ50形」が保存展示されており、体験運転をすることができます。

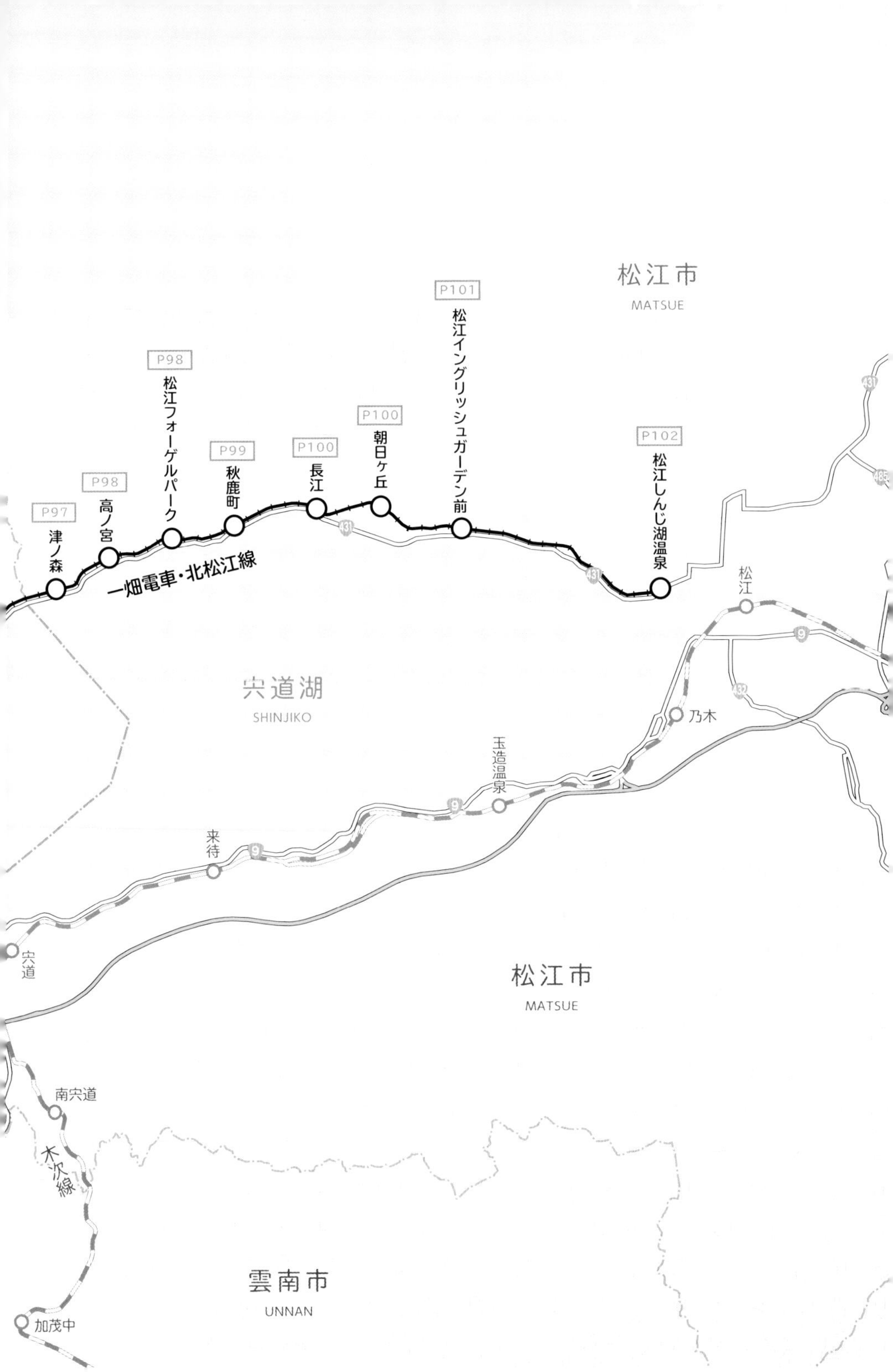
松江市
MATSUE
P97
津ノ森
P98
高ノ宮
P98
松江フォーゲルパーク
P99
秋鹿町
P100
長江
P100
朝日ヶ丘
P101
松江イングリッシュガーデン前
P102
松江しんじ湖温泉
一畑電車・北松江線
431
485
宍道湖
SHINJIKO
松江
9
432
乃木
玉造温泉
来待
宍道
松江市
MATSUE
南宍道
木次線
雲南市
UNNAN
加茂中

一畑電車・北松江線
電鉄出雲市《でんてついずもし》 — 松江しんじ湖温泉《まつえしんじこおんせん》 区間
日本海
NIHONKAI
N
0
4km
P96
一畑口
P9
伊野灘
P94
湖遊館新駅
P95
園
P94
布崎
431
P92
雲州平田
一畑電車・北松江線
出雲市
IZUMO
P91
旅伏
P90
美談
P90
大寺
P89
川跡
一畑電車・大社線
遙堪
高浜
武志
P89
荘原
山陰本線
直江
9
大津町
P88
電鉄出雲市
出雲科学館パークタウン前
出雲市
184
P86
P87

[1] 映画『RAILWAYS』は49歳にして電車の運転士になった男性の感動ストーリー。[2]改札は発車10分前より開始される。[3]JR出雲市駅から歩いてすぐのところにある。[4]2000年12月に高架駅となった電鉄出雲市駅。

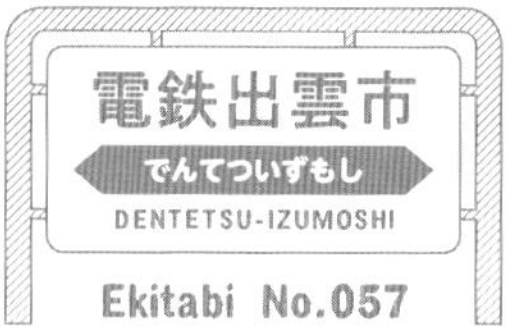

●島根県出雲市駅北町
●一畑電車株式会社
●0.000㎞(電鉄出雲市起点)
●大正3年(1914)4月29日
●1面2線

一畑電車の入口

一畑電鉄開業当初は、国鉄出雲今市駅に乗り入れる形で運用されていました。しかし1日の運行本数に制限をかけられていたため、ダイヤに制約がありました。そこで一畑電鉄は、隣接地に電鉄出雲市駅を新設しました。一畑百貨店を併設し、屋上には観覧車があるなど多くの人が楽しめる空間でした。現在は百貨店からホテルに建て替わり、高架工事により山陰で4つ目の高架駅となりました。

◉島根県出雲市今市町
◉一畑電車株式会社
◉0.800km（電鉄出雲市起点）
◉昭和3年（1928）3月
◉1面1線

駅設置当初の名称は今市上町駅でした。その後、駅前にあった出雲製織が合併により大和紡績出雲工場となったことから、大和紡前と改称しました。２００２年に「出雲科学館パークタウン」の開設により現在の駅名となりました。出雲科学館は子どもから一般までを対象とした、科学・ものづくりに関するさまざまな生涯学習のための施設です。

［1］駅の入口へは長いスロープを登る。［2］出雲科学館へは高架下をくぐって駅の反対側へ行く。

駅旅スナップ

The landscape

一畑電車・北松江線沿線風景

［1］出雲科学館パークタウン前－大津町駅区間沿線。
［2］川跡駅。

[1] 2面2線で反対側のホームへは構内踏切を使う。[2] 跨線橋から見た大津町駅。車両は一畑電車5000系。[3] 2021年10月までは朝のみ駅員が配置されていた。[4] 大津町駅駅舎。

古い街道沿いに立つ

大津町駅は2面2線の相対式ホームで、構内踏切で行き来をします。踏切からそのまま駅舎とは反対側に抜けると、パークアンドライド用の駐車場があります。周辺にはかつての街道が通っており、古くからの街並みが残っています。

　駅から東に行くと斐伊川河川敷に大津神立河川敷公園があります。出雲市の夏の風物詩「出雲神話まつり」では花火大会の会場となり、多くの観客のために臨時列車の運行があります。

大津町
おおつまち
OTSUMACHI

Ekitabi No.059

◉島根県出雲市大津町
◉一畑電車株式会社
◉2.000㎞（電鉄出雲市起点）
◉大正３年(1914) ４月29日
◉2面2線

武志

たけし

TAKESHI

Ekitabi No.060

◉島根県出雲市武志町
◉一畑電車株式会社
◉4.100km (電鉄出雲市起点)
◉人正３年(1914) 4月29日
◉1面1線

武志駅は設置当初は田んぼの真ん中にある駅でしたが、時代を追うごとに周囲に住宅ができました。

駅の東側には斐伊川の土手があります。これは松江藩主の京極忠高による大規模治水工事によるもので、通称「若狭土手」と呼ばれています。一連の工事により、斐伊川は川の流れを大きく変えることになりました。

[1]武志駅待合室。[2]駅の出入口には雑貨屋がある。

川跡駅の北側には「鳶《とび》ヶ《が》巣《す》城」があります。南宍道駅の近くにある金山要害山城からこの地に移転してきた宍道氏の居城となっていました。

川跡の名の由来はこの地域が斐伊川の跡地にあることとされており、１８８９年に近隣の５つの村が合併する際に新たな自治体名として採用され、現在の地域名にもなっています。

川跡

かわと

KAWATO

Ekitabi No.061

◉島根県出雲市武志町
◉一畑電車株式会社
◉4.900km (電鉄出雲市起点)
◉昭和5年(1930) 2月2日
◉2面4線

[1]鳶ヶ巣城跡登山口。川跡駅の近くにはかつて鳶巣駅があった。[2]１・２番線ホーム。乗り換え駅のためか広告が多く設置されている。

大寺

おおてら

OTERA

Ekitabi No.062

◉島根県出雲市東林木町
◉一畑電車株式会社
◉6.400km（電鉄出雲市起点）
◉昭和6年（1931）2月1日
◉1面1線

川跡駅と時をほぼ同じくして開設された駅です。大寺の名の由来は駅の北側にある「大寺薬師」で、所蔵している9体の仏像は国の重要文化財に指定されています。

駅の東にある「青木遺跡」は、国道431号バイパスの工事に伴い行われた発掘調査で多くの出土品が発掘されました。

［1］大寺駅ホーム。［2］駅名の由来となった「大寺薬師」の山門。

美談

みだみ

MIDAMI

Ekitabi No.063

◉島根県出雲市美談町
◉一畑電車株式会社
◉7.700km（電鉄出雲市起点）
◉昭和27年（1952）1月15日
◉1面1線

美談駅は山陰の難読駅名として知られています。この美談という地名は『出雲国風土記』にも記されているもので、かつては「御田《みた》を見る神」という意味で「三太三」と称されていたのが726年に「美談」になったとされています。そのためか、駅周辺には古くから田んぼが広がっています。

［1］一畑電車は各駅にこまめにお知らせが貼ってある。［2］美談駅全景。

[1]旅伏駅待合室。[2]「しまねの木」号は観光列車としても使われている。

旅　伏

たぶし

TABUSHI

Ekitabi No.064

◉島根県出雲市西代町
◉一畑電車株式会社
◉9.000km（電鉄出雲市起点）
◉大正3年（1914）4月29日
◉1面1線

旅伏駅には木造の待合室があります。周辺には古くからの家が並んでいます。

駅の北側にある「康國寺」は松平治郷のお抱え庭師である沢玄丹によって造られた庭があり、米国専門誌が毎年行っている〝日本庭園ランキング〟に何度もランクインしています。

駅旅スナップ

The landscape

一畑電車・北松江線沿線風景

[1]川跡－大寺駅区間沿線。

[2]大寺－美談駅区間沿線。

雲州平田駅駅舎。

雲州平田
うんしゅうひらた
UNSHU-HIRATA

Ekitabi No.065

◉島根県出雲市平田町
◉一畑電車株式会社
◉10.900km（電鉄出雲市起点）
◉大正3年（1914）4月29日
◉2面3線

一畑電車の中心駅

雲州平田駅は駅が開設した当初はこの名前でしたが、１９７０年に平田市駅に駅名を変更します。その後、２００５年に当時の平田市と出雲市が合併したのを契機（合併と同時）に駅名を元の名前に戻しました。

一畑電車の本社所在駅であり、駅の南側には一畑電車唯一の車両基地があります。

ここには通常営業運転で使われている車両の他に、１９２９年に製造されたデハニ53号が留置されています。現在でも動か

[1]木綿街道内にある「宇美神社」。縁切りの神社で、ここで悪縁を切ってから出雲大社で良縁を結ぶのが良いとされている。[2]「平田一色飾り」は日用品を使った芸術作品。[3]駅の北にある木綿街道。古い建物が並んでおり、リノベーションをして活用されている。[4]駅に隣接する一畑電車唯一の車両基地。右にはデハニ53号が留置されており、体験運転をすることができる。[5]雲州平田駅ホーム。一畑電車7000系が急行として入線してきた。

4

5

1

2

3

すことができ、体験運転をすることができます。

駅舎内には身近な生活用具を使った民俗芸術である「平田一色飾り」が展示してあります。

駅周辺はその昔は宍道湖でしたが、斐伊川流域で盛んに行われたたたら製鉄の鉄穴《かんな》流しの影響により駅の南側に広がる平野が形成され、新田開発が進められました。駅の北側は江戸時代からある街並みが残っており、「平田木綿街道」と称されています。平田の地はかつては木綿の栽培や取引が活発に行われ、その質の高さは遠く大阪まで伝わっていました。現在でも古くからの商店が多く残っています。

駅の北西にある愛宕山公園には動物広場、和風庭園やスポーツ施設があり、展望台からは宍道湖や遠くは鳥取県の大山まで望むことができます。

布　崎
ぬのざき
NUNOZAKI

Ekitabi No.066

◉島根県出雲市園町
◉一畑電車株式会社
◉14.500km（電鉄出雲市起点）
◉大正4年（1915）2月4日
◉1面1線

布崎駅は開設した当初は雲州平田駅寄りにありましたが、開業後1年余りで現在地に移転しています。駅名は字名である布崎栄からとられています。

駅の前には、路線が電化された際に造られた「布崎変電所」があります。また、駅の横には平田船川が流れています。

［1］布崎駅に入線する一畑電車7000系。［2］布崎駅待合室と一畑電鉄の変電所。

湖遊館新駅
こゆうかん しんえき
KOYUKAN SHIN-EKI

Ekitabi No.067

◉島根県出雲市園町
◉一畑電車株式会社
◉15.200km（電鉄出雲市起点）
◉平成7年（1995）10月1日
◉1面1線

湖遊館新駅駅は、山陰最大規模の本格的アイススケートリンクである「湖遊館」の最寄り駅として開設されました。

駅の近くには他にも、宍道湖湖畔の水鳥の観察や学習ができる「宍道湖グリーンパーク」や、汽水湖である中海・宍道湖に生息する魚類を中心に展示する体験学習型水族館「宍道湖自然館ゴビウス」があります。

［1］「湖遊館」は山陰最大のスケートリンク。夏は近くでカヌーなどが楽しめる。［2］湖遊館新駅駅全景。

[1]園駅駅舎。[2]ホームより一畑口方面を望む。

◉島根県出雲市園町
◉一畑電車株式会社
◉15.900km（電鉄出雲市起点）
◉大正4年（1915）2月4日
◉1面1線

園駅は文字通り出雲市園町に所在する駅ですが、布崎駅、湖遊館新駅駅も園町にあり、一つの地域に三つの駅が存在する珍しい駅の配置となっています。自転車置き場が比較的広く設けられています。

園駅周辺も1960年代までは田園地帯で、1970年代から宅地化が進みました。

駅旅スナップ
The landscape

一畑電車・北松江線沿線風景

[1]雲州平田－布崎駅区間沿線。

[2]園－一畑口駅区間沿線。

[1]スイッチバックのため隣駅の表記は同一方向に書かれる。[2]駅舎内は広め。[3]左は松江方面、右は出雲方面へと線路が延びている。[4]一畑口駅駅舎全景。

3

2

4

一畑薬師の参拝口

一畑口駅はかつては小境灘駅と呼ばれ、一畑駅に至るまでの途中駅でした。しかし戦時中に不要不急路線として、当駅と一畑駅の間が廃止となりました。そこで現在の一畑口駅に改称されました。そのために図らずも平坦地のスイッチバックの構造となり、進行方向が前後逆になります。一畑薬師は「目のお薬師さま」として知られており、1300段近くある石段を登るマラソンも開催されています。

◉島根県出雲市小境町
◉一畑電車株式会社
◉17.500㎞(電鉄出雲市起点)
◉大正4年(1915)2月4日
◉2面3線

伊野灘

いのなだ

INONADA

Ekitabi No.070

◉島根県出雲市美野町
◉一畑電車株式会社
◉19.400km（電鉄出雲市起点）
◉昭和3年（1928）4月5日
◉1面1線

伊野灘駅は出雲市で最も東にある駅で、これより先は松江市に入ります。駅は高台の上に造られており、宍道湖を一望することができます。

　映画『RAILWAYS 49歳で電車の運転士になった男の物語』では主人公の実家の最寄り駅であり、作中でも幾度か登場します。

［1］伊野灘駅入口。［2］待合室には『RAILWAYS』の舞台説明。

津ノ森

つのもり

TSUNOMORI

Ekitabi No.071

◉島根県松江市大野町
◉一畑電車株式会社
◉21.200km（電鉄出雲市起点）
◉昭和3年（1928）4月5日
◉1面2線

津ノ森駅の駅舎は秋鹿町駅と同じ酒蔵をイメージしたデザインとなっています。

　近くには専門学校があるため、一畑電車の中では比較的乗降客数が多い駅となっています。

［1］ホームより高ノ宮方面を望む。［2］ホームの上屋は一畑の交換駅でよく見られるデザイン。［3］津ノ森駅駅舎。

高ノ宮
たかのみや
TAKANOMIYA
Ekitabi No.072

◉島根県松江市大垣町
◉一畑電車株式会社
◉22.500km（電鉄出雲市起点）
◉昭和3年（1928）4月5日
◉1面1線

駅名は北に3kmほど離れた場所にある「高野宮」からとられており、駅近くには鳥居があります。

　高野宮は『出雲国風土記』にも記載がある古い神社で、出雲大社、日御碕神社、佐太神社と並んで松江藩御祈願四大社の一つとして特別な扱いを受けていました。

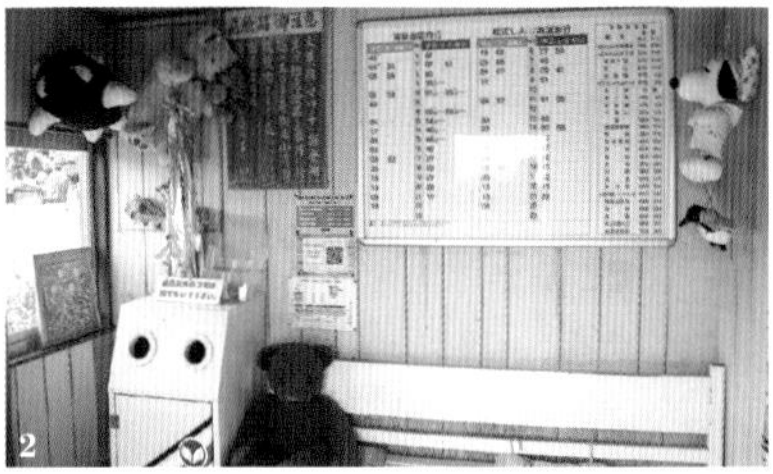
[1]高ノ宮駅ホームと待合室。[2]奥の看板は長年使われていることが分かる。

松江フォーゲルパーク
まつえふぉーげるぱーく
MATSUE VOGEL-PARK
Ekitabi No.073

◉島根県松江市大垣町
◉一畑電車株式会社
◉23.800km（電鉄出雲市起点）
◉平成13年（2001）7月23日
◉1面1線

一畑電車の駅で最も新しくできた駅です。駅舎は庄屋の長屋門をイメージしたデザインとなっており、屋根は神社風の造りをしています。

「松江フォーゲルパーク」の32ヘクタールの広大な敷地は、花と鳥を中心としたテーマパークとしては有数の規模を誇ります。ペンギンの散歩では、季節によってさまざまなコスチュームを着て歩きます。

[1]秋鹿町方面に出発する「しまねっこ号」。[2]駅全景。屋根は大社造風に造られている。

［1］駅に到着する急行列車のデハ5000形。［2］秋鹿町駅駅舎全景。［3］駅ホーム全景。［4］構内踏切で南北どちらからもホームに入ることができる。

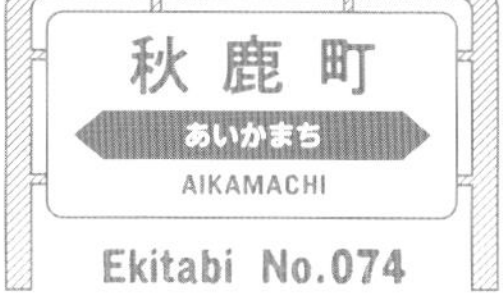

◉島根県松江市秋鹿町
◉一畑電車株式会社
◉25.000㎞（電鉄出雲市起点）
◉昭和3年（1928）4月5日
◉1面2線

宍道湖に最も近い駅

所在地の住所は「あいかちょう」ですが、駅名の読みは「あいかまち」と読みます。１９９５年に駅舎が改築されており、津ノ森駅と同様に酒蔵をイメージした外観となっています。構内踏切を使って島式ホームに入る構造となっていますが、駅の反対側にも抜けられます。そのため、列車から降りてすぐに宍道湖を臨めます。

　駅の近くには「道の駅秋鹿なぎさ公園」があり、ヨットやカヌーなどを楽しむことができます。

長　江

ながえ

NAGAE

Ekitabi No.075

◉島根県松江市東長江町
◉一畑電車株式会社
◉26.700km（電鉄出雲市起点）
◉昭和3年（1928）4月5日
◉1面1線

少し奥まったところにあることから、隠れ家的な雰囲気を感じることができる駅です。

かつての松江杵築往還は長江駅の北側を通っており、一畑薬師、出雲大社、鰐淵寺などへ参拝するための重要な道でした。

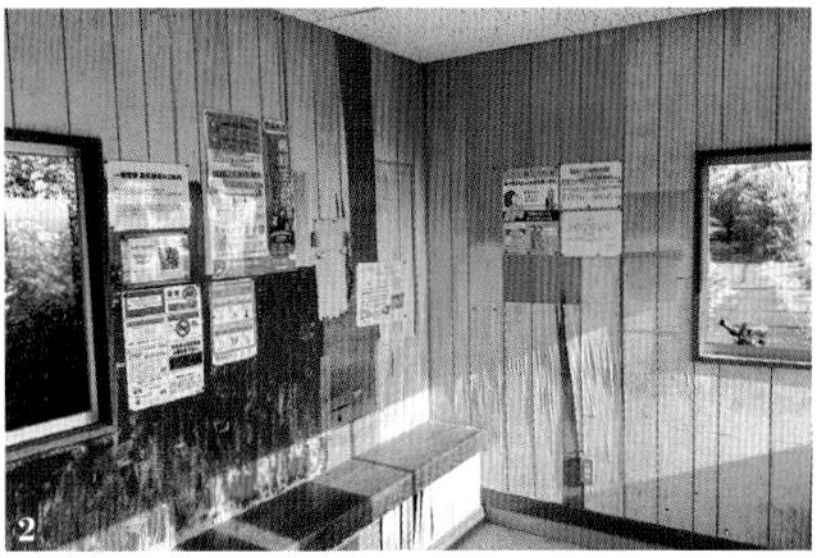

[1]ホームより秋鹿町方面を望む。[2]駅舎の待合室。長年使われている味のある雰囲気。

朝日ヶ丘

あさひがおか

ASAHIGAOKA

Ekitabi No.076

◉島根県松江市古曽志町
◉一畑電車株式会社
◉28.000km（電鉄出雲市起点）
◉昭和63年（1988）4月1日
◉1面1線

駅舎は高低差のある地形を造成して造られています。1985年頃から開始された朝日ヶ丘団地造成工事と連動する形で、1988年に駅が造られました。

駅の向かいには「湖北ファミリー農園」があり、市民農園として利用されています。駅の東側にある「古墳の丘古曽志公園」には前方後円墳があります。

[1]駅近くのトンネルには一畑の列車も描かれている。[2]ホームより長江方面を望む。[3]朝日ヶ丘駅駅舎全景。

[1]松江イングリッシュガーデンの看板。結婚式場もあり庭園ではフォトウェディングもできる。[2]ホームより朝日ヶ丘方面を望む。[3]駅ホーム全景。

松江イングリッシュガーデン前
まつえいんぐりっしゅがーでんまえ
MATSUE ENGLISH GARDEN-MAE
Ekitabi No.077

●島根県松江市西浜佐陀町
●一畑電車株式会社
●29.600㎞(電鉄出雲市起点)
●昭和3年(1928)4月5日
●1面2線

昔も今も長い駅名

１９６４年に近隣の2つの駅を統合し、古江駅という名前で開業しました。２００１年に美術館ができたため、駅名を変えることになりました。その名も、「ルイス・C・ティファニー庭園美術館前駅」。読み仮名が23文字の日本一長い名前の駅として有名になりました。美術館閉鎖に伴い現在の駅名となっています。松江イングリッシュガーデンは、今では結婚式場、レストラン・カフェとなっています。

［1］足湯は24時間利用可能。［2］お地蔵様も温泉をかけてもらってにっこり。［3］改札が開始されると多くの利用客がホームへ入っていく。［4］松江しんじ湖温泉駅駅舎。

松江しんじ湖温泉
まつえしんじこおんせん
MATSUE SHINJIKO-ONSEN

Ekitabi No.078

◉島根県松江市中原町
◉一畑電車株式会社
◉33.900㎞（電鉄出雲市起点）
◉昭和3年（1928）4月5日
◉2面2線

足湯に入ってひと休み

開設当初は北松江駅という名称であり、路線名はこの駅名からとられています。その後、温泉が当地に湧いたことにより松江温泉駅となり、温泉の名称が変更されたことに伴い松江しんじ湖温泉駅となりました。駅前には足湯があり、誰でも入ることができます。駅の西にある源泉にはお湯かけ地蔵が祀られています。

出雲大社の横にある「古代出雲歴史博物館」には北松江駅復元模型が展示されています。

松江しんじ湖温泉駅⇄湖遊館新駅駅

駅旅SPOT

一畑電車
Kitamatsue - Line 北松江線沿線

駅間距離｜約 18.7 km

歴史と自然が交差する土地

山陰本線の松江－出雲市間の対岸を走って、松江から出雲へ向かいます。松江市のシンボルともいえる松江城や植物園などがあり、松江の歴史と自然を両方楽しめる贅沢なエリアです。

❶松江城周辺

現存12天守のうちの一つで、国宝でもある松江城。敷地内には、そのお堀を遊覧船でめぐる「堀川めぐり」や、カフェも併設される島根県の有形文化財「興雲閣」があり、多彩な楽しみ方ができます。

島根県松江市殿町1-5

最寄り駅 松江しんじ湖温泉駅→徒歩16分

興雲閣

ぐるっと松江堀川めぐり

❷松江フォーゲルパーク

国内最大級の花の大温室を持つ全天候型の花と鳥のテーマパーク。一年中満開の華やかな花や、約90種類の世界中の鳥たちとふれあえます。さまざまな施設が屋根付き回廊でつながり、天候を問わず満喫できます。

島根県松江市大垣町52

最寄り駅 松江フォーゲルパーク駅→徒歩2分

❸島根県立宍道湖自然館ゴビウス

島根県の河川と宍道湖・中海にくらす生きもの200種を展示する体験学習型水族館。汽水を代表する魚シラウオの展示では全国で唯一、1年中展示することに成功。川と湖の生きものを間近に観察してみてはいかがでしょうか。

島根県出雲市園町1659-5

最寄り駅 湖遊館新駅駅→徒歩10分

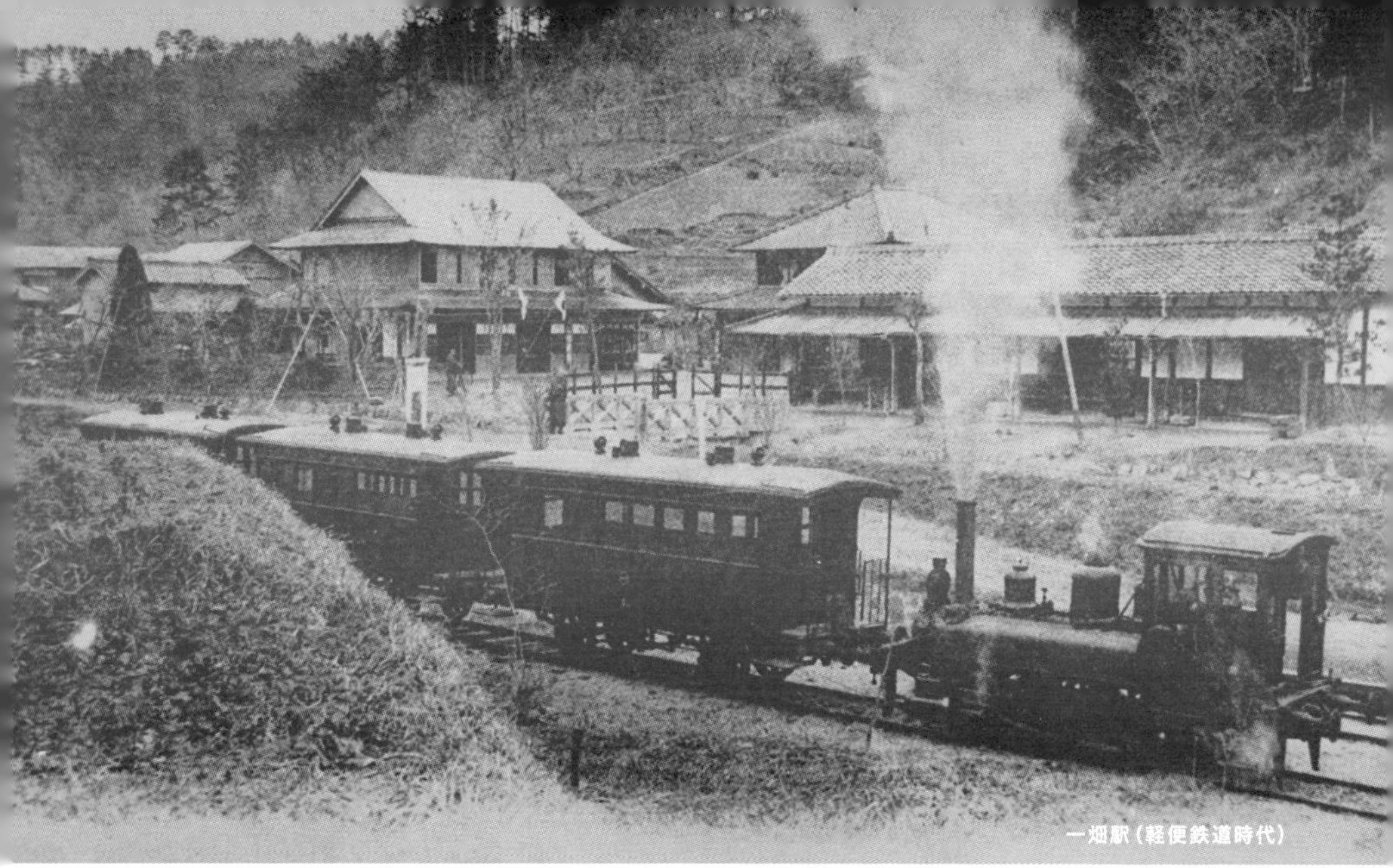

一畑駅（軽便鉄道時代）

EKITABI COLUMN 3

ばたでん100年の歴史と出会う

車両でたどる、ばたでんの軌跡

「目のお薬師様」として名高い一畑寺（一畑薬師）への参詣者輸送を目的とした鉄道を建設するために、1912年に創立されたのが「一畑軽便鉄道株式会社」です。それまでは、出雲今市から一畑薬師参りをするには陸路を徒歩でたどるか、宍道湖を小境灘（当時）まで舟で渡るかのいずれかの方法しかなかったため、鉄道敷設は一畑寺の念願でもありました。

1914年4月29日に出雲今市（現・電鉄出雲市）―雲州平田間が開業し、100年以上にわたる鉄道の歴史を刻み始めました。その後、雲州平田から一畑坂下（一畑駅付近）までの延伸工事も進められ、1915年2月4日に全線開業となりました。出雲今市から一畑までは70分前後で結ばれ、小境灘では松江行汽船と連絡していました。

1923年7月の株主総会において、松江・出雲大社までの路線延長が決議されました。これらの延長線は、当初それまでと同様の蒸気動力車による運行で計画されていましたが、その頃すでに民間鉄道は電気動力車による運行に変わりつつありました。そこで、既設線も含めて全線を電化することになり、1925年7月には社名を「一畑電気鉄道株式会社」に改めました。

第二次世界大戦中の1944年11月に国からの要請があり、小境灘から一畑までの区間は不要不急路線として営業休止のうえで撤去し、レー

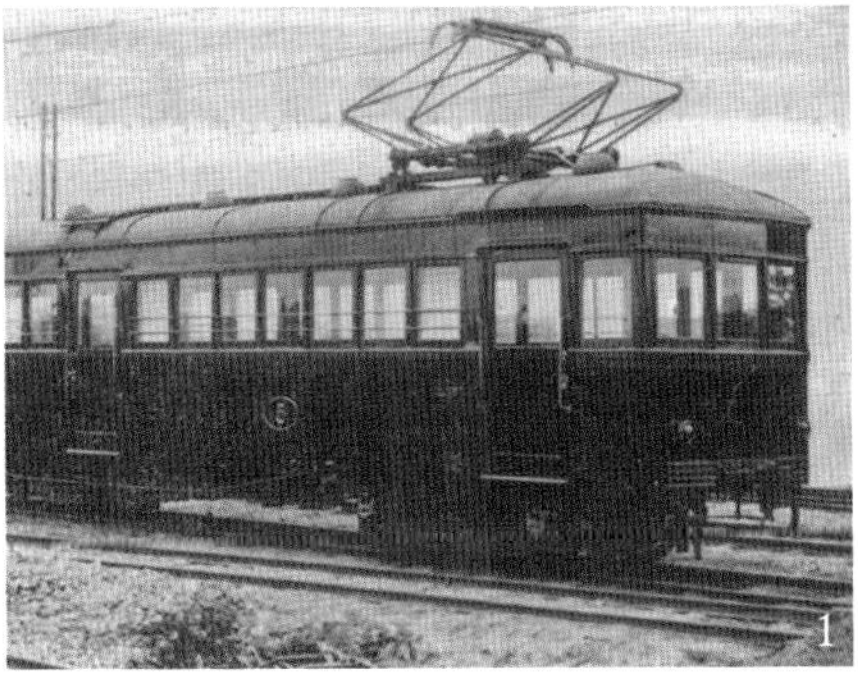

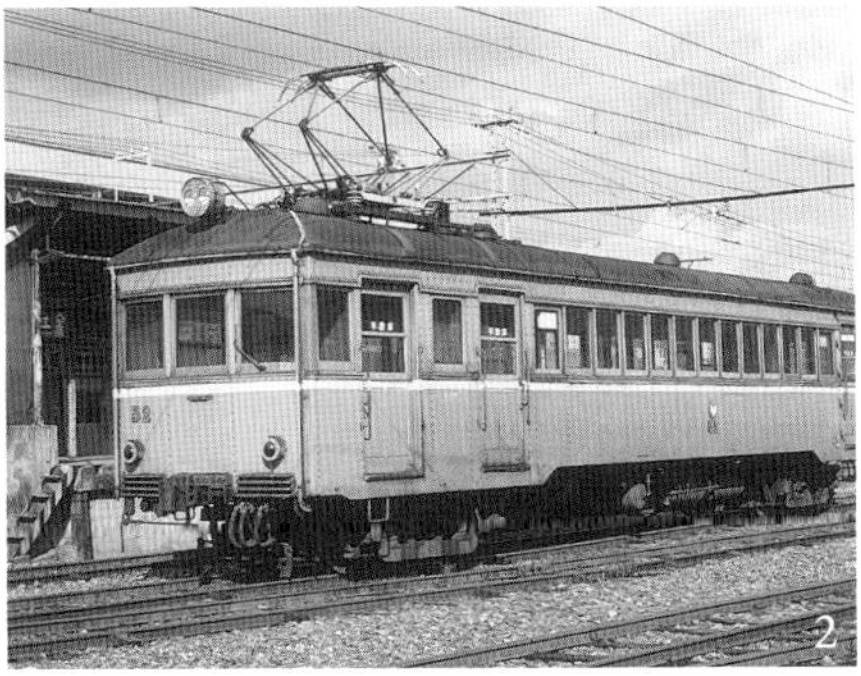

[1] 1927年10月1日に既設路線の出雲今市（現・電鉄出雲市）〜一畑間を電化し、一畑電車が誕生しました。この時導入されたデハ1形1〜5号は、改造や改番を経て半世紀以上走り続けました。[2] 一畑電車に現存するオリジナル車両デハニ50形。1928年の北松江（現・松江しんじ湖温泉）までの延伸、1930年の大社線開業にあわせ製造された荷物室のある車両です。2009年3月29日、80年余にわたる営業運転を終了しました。

ル・鉄柱・架線などの全資材を供出することになりました。これを受けて同区間は同年12月に営業を休止し、そのまま復活することなく廃止となりました。

戦後になるとモータリゼーションの進展に伴い、日本各地の地方私鉄の運営環境は厳しくなっていきます。一畑電気鉄道も例外ではなく、1963年に626万人を輸送したのをピークとして利用者が減少に転じ、1972年度には累積赤字が膨らみ、存続の危機に陥ってしまいます。徹底的な合理化が必要となり、1973年に貨物輸送を廃止、特急列車の通年運行も取りやめられました。

しかし、沿線自治体の全面的なバックアップ体制や一畑電気鉄道の企業努力が功を奏し、利用者の減少傾向は止まらなかったものの、その後も新経営改善計画により次々と旅客サービスにつながる施策を打ち出していきました。電車内への自転車持込サービスや、駅周辺への無料駐車場設置と合わせたパークアンドライドを開始したほか、松江フォーゲルパークや島根県立古代出雲歴史博物館などの沿線施設とタイアップした企画乗車券の設定も行われています。

2006年4月には、鉄道部門が一畑電気鉄道100パーセント出資の「一畑電車株式会社」として分社化されます。これを機に「愛され乗ってもらえる電車」へと視点を変え、2007年から2016年までは電車アテンダントとして女性を採用し、観光案内や乗降介助、乗車券販売などのサービスを行いました。

こうした中、一畑電車を舞台とした映画が製作されることが決まり、同社では全面的に撮影に協力を行い、『RAILWAYS49歳で電車の運転士になった男の物語』として2010年5月より公開されました。すでに試写会の段階から利用者が増加し、ロケ地見学会や「デハニ50形」の展示、体験運転イベントなどもおこなわれ人気を博しました。

ばたでん ふれあい スポット紹介

Ichibata Railway
FUREAI SPOT

出雲大社前駅駅舎

島根県出雲市大社町杵築南1346-9

出雲大社参詣の玄関口として1930年に建てられた歴史的建造物です。内装は白く塗られた内壁や高い天井、窓はステンドグラスになっています。1996年には国の登録有形文化財に指定されました。

秋鹿町駅

島根県松江市秋鹿町3342-2

一畑電車の中で最も宍道湖に近く、写真映えする撮影スポットとして訪れる人も多い駅です。国道を挟んですぐ目の前に宍道湖を眺めることができ、空気の澄んだ天気の良い日には宍道湖越しに大山がよく見えます。

出雲大社前駅「デハニ52号」を公開展示

島根県出雲市大社町杵築南1346-9

1928年に製造された日本最古級の電車であり、2009年3月末に引退。映画『RAILWAYS 49歳で電車の運転士になった男の物語』に登場したことでも知られています。

雲州平田駅「デハニ53号」を体験運転

島根県出雲市平田町2226

片道120mの体験運転専用線を使って、一畑電車のシンボルといえる車両「デハニ50形53号」を実際に運転できる体験です。現役の運転士がサポートしてくれるので、小さなお子さんから年配の方までどなたでも安心して運転できます。

出雲市さとがた保育園に「デハ3号・6号」が展示

島根県出雲市里方町750-1

1927年に製造された「デハ3号・6号」が、一畑電車大社線の川跡―高浜駅間にある「さとがた保育園」に無償譲渡され、保管されています。保育園の方に許可を得れば、近付いて車内を見学することも可能です。

番外編！

『しまねっこ号』の車内をご案内

「ご縁電車しまねっこ号Ⅱ」は、さまざまな表情の島根県観光イメージキャラクター「しまねっこ」がラッピングされた電車です。この車両、外からの見た目もかわいいですが、車内もスゴイです！

　まずは1両目、2019年8月に惜しまれながらも運行を終了した「初代ご縁電車しまねっこ号」と同じく、座席が鮮やかなピンク色になっています。また、足元には、向かいの席の人と恋占いができる「ご縁あみだくじ」が設置されています。

　続いて2両目は「しまねっこの走る別荘」をイメージしており、しまねっこのカラーである黄色を基本にしたデザインとなっています。この車両の座席には、かわいい「しまねっこ」のオブジェが座っていて、隣に座って記念撮影もできます。この「しまねっこオブジェ」は、「初代ご縁電車しまねっこ号」の座席に座っていましたが、運行を終了する際にこの車両に移されました。また、一畑電車が台湾鉄路管理局と友好協定を結んでいることから、この車両の中に8つの台湾のモチーフが隠されています。

　現在、一畑電車で営業運転している車両は全部で12編成。そのうち1編成しかないこの車両に乗れたらとてもラッキーです。

新型車両「7000系」にも「しまねっこ」のオブジェが飾られています。単行運転が可能な7000系は現在、4編成4両が在籍しています。各車両が「出雲の風景」をテーマにしたデザインになっており、7001号は「出雲大社」7002号は「宍道湖」7003号は「棚田」7004号は「三瓶山」をモチーフにしています。

一畑電車・大社線

ICHIBATA DENSHA TAISHA LINE

高浜ー川跡駅区間沿線

出雲大社前ー浜山公園北口駅区間沿線

終点：川跡　　起点：出雲大社前

川跡 ― 高浜 ― 遙堪 ― 浜山公園北口 ― 出雲大社前

出雲大社と松江を結ぶ最短ルート

北松江線の「川跡」から分岐して「出雲大社前」まで行く大社線は、１９３０年に営業運転を開始しました。わずか5駅の短い路線ですが、出雲大社と松江を結ぶ最短ルートとして大きな役割を果たしています。

大社線も出雲平野を走るため、ほとんどが直線。のどかな田園風景の中を、カラフルな電車が走る姿は絵になります。中でも電車が参道を横断する粟津稲生神社は、赤い鳥居がずらりと立ち並び、撮影スポットとして有名です。

１９３０年に建てられた「出雲大社前駅」は、半円形の緑の屋根や窓のステンドグラスが特徴で、国の登録文化財に指定されています。

431
川跡
P116
高浜
P115
一畑電車・大社線
武志
一畑電車・北松江線
9
大津町
184
出雲科学館パークタウン前
電鉄出雲市
出雲市
山陰本線
184

一畑電車・大社線

出雲大社前《いずもたいしゃまえ》 — 川跡《かわと》 区間

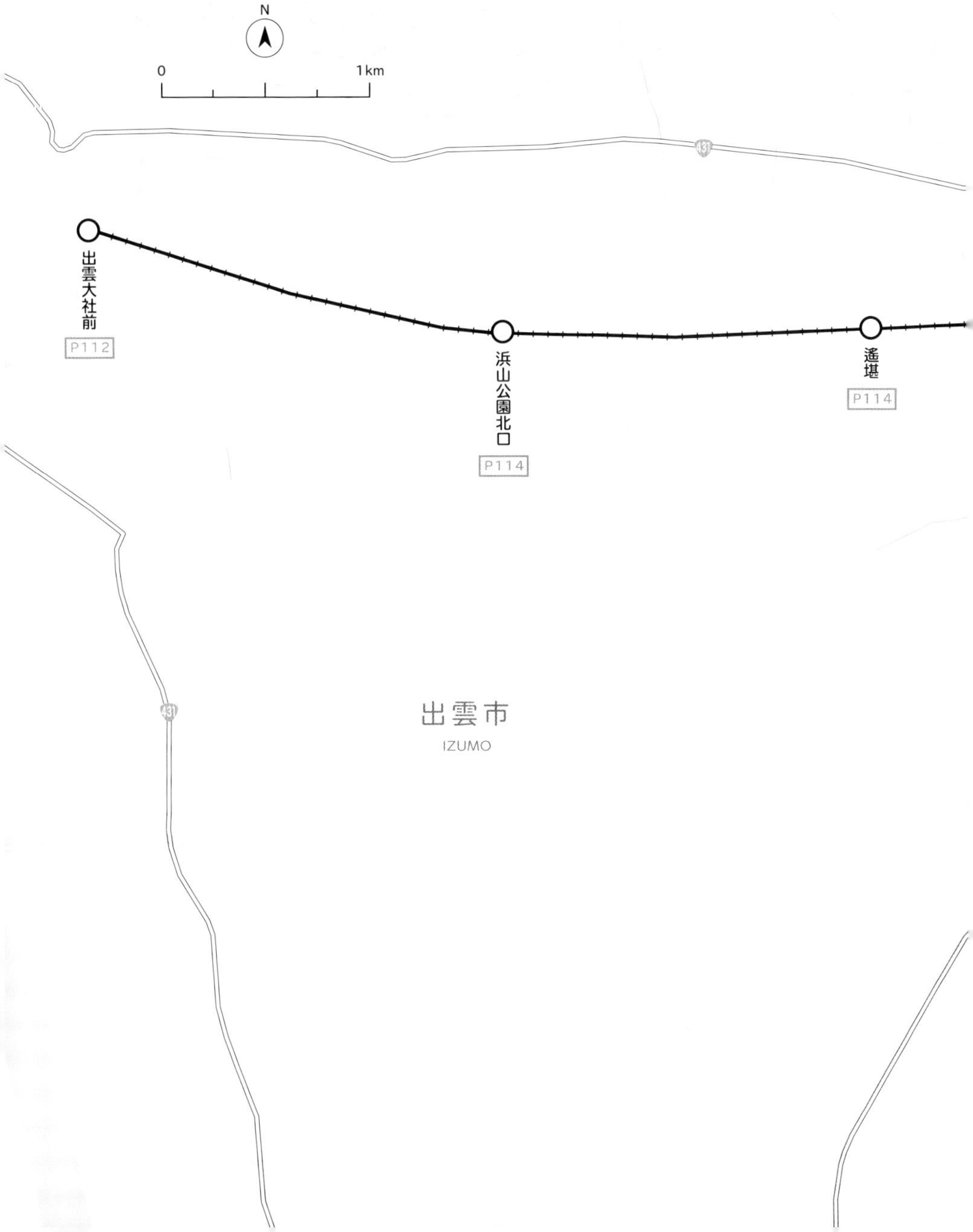

出雲大社前駅駅舎。洋風レトロな建物は旧国鉄の旧大社駅と対照的な造りとなっている。

八百万の神が集いし神在月

出雲大社前駅は洋風建築の駅舎となっています。これは和風建築である旧国鉄の旧大社駅と対をなす形になっています。駅舎の中はアーチ型の高い天井となっており、かなり広い空間を作り出しています。１９９６年には国の登録有形文化財となりました。中には一畑電車グッズなどを取り扱う売店があり、お土産を買うことができます。始終端駅であることから、ホームは山陰地方では４駅しかない

出雲大社前
いずもたいしゃまえ
IZUMOTAISHA-MAE

Ekitabi No.079

●島根県出雲市大社町杵築南
●一畑電車株式会社
●0.000km（出雲大社前起点）
●昭和5年（1930）2月2日
●1面2線

[1]中はアーチとなっており、開業当時としては珍しい造り。[2]左奥は出雲大社本殿、右手前は拝殿。本殿は国宝に指定されている。[3]駅前から出雲大社までは直線の参道があり、左右には土産物屋などが連なっている。[4]出雲大社前駅に展示されているデハニ50形52号。木造車で手動扉。[5]改札口。一畑電車は自転車の車両への持ち込みができるため手軽にサイクルツーリングを楽しめる。

頭端式ホームとなっています。ホームの横にはかつて一畑電車を走っていたデハニ52号が展示されており、運転席の見学や手動扉の開閉などを体験することができます。

駅前は出雲大社の門前町である神門通りが通っており、この地の名物である出雲そばや出雲ぜんざい、土産物などの店が軒を連ねています。

出雲大社は『古事記』にその創建の由縁が記されているほどの古社で、江戸時代に造られた出雲大社本殿は国宝に指定されているほか、多くの建造物が重要文化財に指定されています。

出雲大社から海に出ると稲佐の浜があります。ここは旧暦の10月10日に全国の八百万の神々が降り立つ場所とされており、神迎神事が行われます。このことから10月を出雲地方では神在月と呼ぶ由縁となっています。

浜山公園北口
はまやまこうえんきたぐち
HAMAYAMA-KOENKITAGUCHI

Ekitabi No.080

◉島根県出雲市大社町入南
◉一畑電車株式会社
◉1.900km（出雲大社前起点）
◉昭和5年（1930）2月2日
◉1面1線

開設当初の駅名は鑓《やり》ケ《が》崎《さき》駅です。駅の南にある浜山公園は野球場や陸上競技場などを備えた県立の総合運動公園で、1982年に行われたくにびき国体の会場にもなりました。

駅の北には1986年に移転した「島根ワイナリー」があり、島根県の代表的なワインブランドとなっています。

[1]浜山公園北口駅全景。[2]「島根ワイナリー」は試飲をしながらワインを選べる。

遙　堪
ようかん
YOKAN

Ekitabi No.081

◉島根県出雲市常松町
◉一畑電車株式会社
◉3.500km（出雲大社前起点）
◉昭和5年（1930）2月2日
◉1面1線

遙堪駅は美談駅と同じく山陰地方を代表する難読駅名として知られており、「遙かに水を湛《たた》える」が変化して「遙堪」になったと言われています。

駅から北にある山々には中国自然歩道が設定されており、遙堪峠を越え鰐淵寺、伊《い》努《ぬ》谷《だに》峠、旅伏山と続くハイキングコースがあります。

[1]遙堪駅全景。[2]遙堪駅に到着する一畑電車7000系。

[1]ホームから遙堪方面を望む。[2]近くの保育園には一畑電鉄時代の古い車両が残されている。[3]高浜駅駅名標と待合室。

高　浜
たかはま
TAKAHAMA
Ekitabi No.082

◉島根県出雲市里方町
◉一畑電車株式会社
◉5.500km（出雲大社前起点）
◉昭和５年(1930) ２月２日
◉1面1線

赤い鳥居に魅せられて

高浜駅から西へ向かうと「粟《あわ》津《つ》稲《い》生《なり》神社」があります。線路に向かって赤い鳥居が続く参道を横切る形で電車が通る姿は、鉄道写真の撮影スポットとして知られています。

駅の南には、当時の出雲市制50周年を記念して造られた日本初の木造ドームである「出雲ドーム」があります。

川跡駅駅舎。

川　跡

かわと

KAWATO

Ekitabi No.083

●島根県出雲市武志町
●一畑電車株式会社
●8.300㎞(出雲大社前起点)
●昭和5年(1930)2月2日
●2面4線

乗り換えアナウンスに誘われて

川跡駅は一畑電鉄の開業時にはなく、近くに鳶巣駅がありました。１９３０年に現在の大社線が開通したのを機に、乗換駅として新たに設置されました。開業時から戦後しばらくまで周辺に住宅地はなく、田畑が広がるだけでした。１９６０年代に区画整理が行われ、徐々に住宅も建てられるようになりました。駅舎は１９９５年に現在の建物となりました。

［1］ホーム番号の看板を見ると通常使われない4番線だけ小さいことがわかる。［2］大社線に入線する電車。［3］駅近くにある温泉施設。［4］3つのホームに入線する一畑電車7000系。［5］有人駅のため駅舎内は出札口や乗り換え案内もある。

4

1

5

2

3

一畑電車の五つある有人駅の一つで、駅員が常駐しており、きっぷなどの取り扱いがあります。一畑電車は全国でも珍しい鉄道小荷物の制度が残っており、有人駅である川跡駅はその取扱いをすることができます。

2面4線のホームへは構内踏切を渡って入ることができます。ホームの番号は駅舎より4・1・2・3という珍しい配置になっています。ただし4番ホームはほとんど使われることはありません。

各方面への乗り換えがスムーズに行われるようにダイヤが設定されており、3つのホーム全てに列車が停まっている場面がよくみられます。駅の北西には温泉や高校、大学があり、各学校の最寄り駅として学生の利用者が多くいます。

高浜駅⇄出雲大社前駅

駅旅SPOT

一畑電車
Taisha - Line 大社線沿線

駅間距離｜約 5.5 km

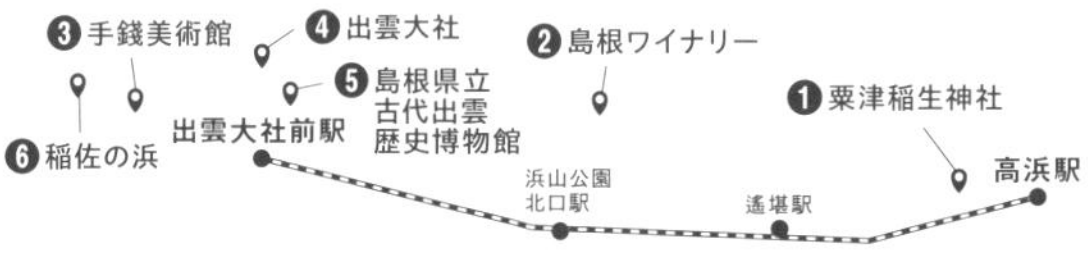

ACCESS

Let's go!

古の記録から学ぶ神話のふるさと出雲

出雲の市街地を走るこの電車は出雲大社への唯一の路線としての役割を担っており、神話にまつわるスポットはもちろん、島根のグルメが楽しめるスポットも多くあります。

車窓SPOT 高浜ー遙堪間

❶粟津稲生神社

鳥居と本殿の間を線路が走る珍しい神社。伏見稲荷の分霊を祀ったと伝えられ、商売繁昌にご利益があります。
ゆたかな緑の中に、真っ赤な鳥居がずらりと並ぶ様子は思わず写真に収めたくなるはず。

島根県出雲市平野町921

❷島根ワイナリー

ワインの製造工程見学（無料）とワインの試飲ができる、島根ワインを存分に堪能できるスポット。ジュースもあるので、アルコールが飲めない方も島根ぶどうを楽しめます。

島根県出雲市大社町菱根264-2

最寄り駅 浜山公園北口駅→徒歩15分

❸手銭美術館

江戸時代初めから現在まで11代にわたって大社に住み、明治維新までは造り酒屋を営んだ手銭家が所蔵する、美術工芸品・歴史資料を展示する美術館。江戸時代に建てられた米蔵と酒蔵を改装した建物も趣深いです。

島根県出雲市大社町杵築西2450-1

最寄り駅 出雲大社前駅→徒歩15分

❹出雲大社

縁結びの神・福の神として名高く、神話のふるさとと出雲の象徴ともいえる出雲大社。日本の名松100選に選ばれている松並木や、神楽殿正面の大しめ縄は一見の価値あり。

📍島根県出雲市大社町杵築東195
最寄り駅 **出雲大社前駅→徒歩5分**

❺島根県立古代出雲歴史博物館

出雲大社や古代出雲の不思議に迫る貴重な展示品が数多く並び、古代出雲をさまざまな角度から見ることができる博物館。
展示だけでなく、広い庭園や併設されたカフェなども楽しめます。

📍島根県出雲市大社町杵築東99-4
最寄り駅 **出雲大社前駅→徒歩7分**

❻稲佐の浜

全国の神々をお迎えする神聖な浜として有名な稲佐の浜。また、夕陽の美しい浜としても知られており、水平線に沈む真っ赤な夕陽を眺めることもできます。

📍島根県出雲市大社町杵築北2711
最寄り駅 **出雲大社前駅→徒歩15分**

EKITABI COLUMN 4

島根駅弁カタログ

SHIMANE Ekiben Catalog

旅の気分を
盛り上げてくれる駅弁。
島根ならではの食材が
ぎゅっと詰まった
商品をご紹介します。

味付けの素材にも
こだわった逸品

島根牛 みそ玉丼

ジューシーな牛肉と半熟たまごが絶対的なおいしさを約束してくれるボリューム満点の駅弁。地元味噌・地酒などで味付けされた牛肉は噛むほどにそのこだわりが味わえます。

■一文字家　■販売駅：松江駅、出雲市駅、米子駅

松江駅ベストセラーの駅弁

山陰名物 かに寿し

かにの棒身を贅沢に盛り込んだ、松江駅ベストセラーの豪華かに寿しです。

■一文字家　■販売駅：松江駅

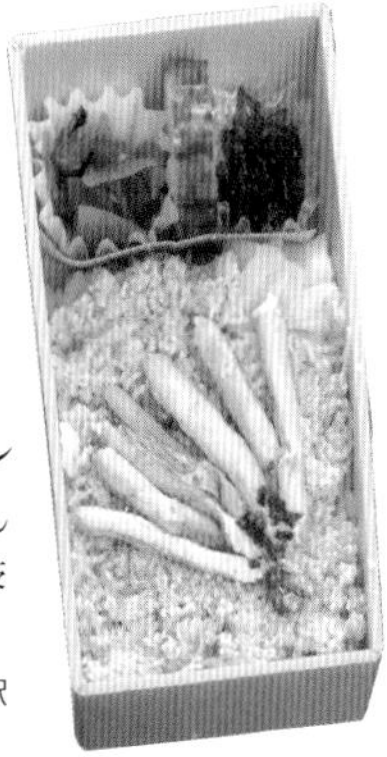

大山どりの旨味が沁みる

大山どりチキン南蛮

平飼いでストレスなく育てた大山どりを丁寧にふっくらジューシーに焼いた駅弁。肉の味が濃い大山どりと、クリーミーでさっぱりとした特製タルタルソースのコンビは箸が止まりません。

■一文字家　■販売駅：松江駅、米子駅

地酒と合わせて楽しみたい

出雲神話街道 ごきげんべんとう

なんと地酒のミニボトル２本入り。酒の肴風に仕上げた宍道湖七珍（シジミ・アマサギ・モロゲエビなど７種）と一緒にいただけば、きっとたちまち“ごきげん”に。

■一文字家　■販売駅：松江駅
季節限定販売：10月～3月※要予約

出雲神話を感じる

松江の味 おべんとう「勾玉」

出雲神話で有名な八岐《やまた》の大蛇《おろち》をモチーフにした手作り料理の幕の内弁当。旅のお供に好評です。

■一文字家　■販売駅：松江駅

濃厚なカニみそがたっぷりと

かにみそ かに寿し

カニの身のちらし寿しだけでなく、カニみそが味わえる駅弁。お酒の肴になりそうなカニみそは、ツウの方にはたまらないかもしれません。

■一文字家　■販売駅：松江駅
季節限定販売：10月～3月※要予約

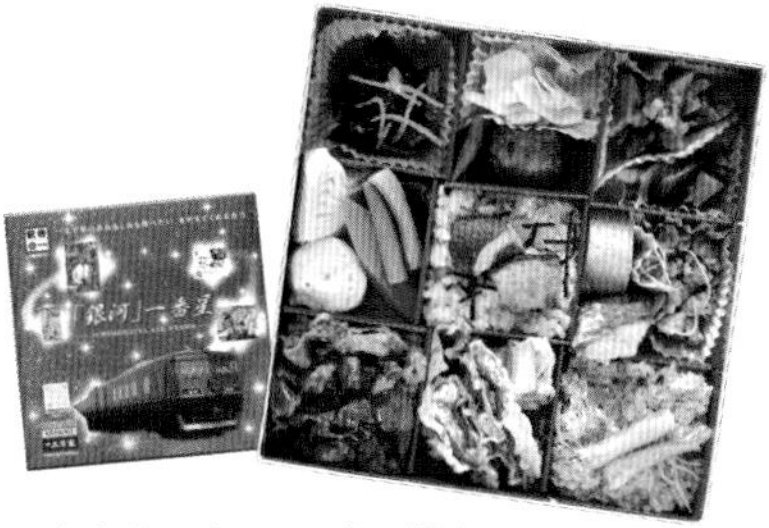

一文字家のオールスター駅弁

銀河一番星

ロマン溢れる新しい特急「銀河」をモチーフにした駅弁。一文字家の“あれもこれも食べたい”という願いを叶えてくれます。

■一文字家　■販売駅：松江駅
期間限定商品※お求めの際はお問い合わせください。

「出雲そばたたらや」の人気メニュー
「だしめし」を駅弁に仕立てた逸品

蕎麦屋のだしめし

たたらや秘伝のちょっぴり甘めの「だし」と、大山鶏の旨煮で炊き上げた「だしめし」は旨みとコクが凝縮された炊込みご飯です。

■一文字家　■販売駅：松江駅
季節限定販売：10月～3月

山陰の名物をまとめて堪能！

邪気退散招福ちらし

石見神楽に登場する疫病神を退治する神様「鍾馗《しょうき》様」をモチーフにした駅弁。出雲大社様に昔からお供えされた名物を盛り合わせ、“邪気退散”をお願いしたちらし寿司です。

■一文字家　■販売駅：松江駅、出雲市駅

山陰の海鮮を楽しむ

境港水揚げ
蟹としじみのもぐり寿し

境港の新鮮とれたての紅ズワイガニとしじみを使用した駅弁。郷土料理しじみのしぐれ煮が味わえる他、すしご飯の中にもしじみがもぐっています。

■一文字家　■販売駅：松江駅

木次線

KISUKI LINE

出雲大東駅

出雲坂根－三井野原駅区間沿線

起点：宍道　終点：備後落合

宍道 — 南宍道 — 加茂中 — 幡屋 — 出雲大東 — 南大東 — 木次 — 日登 — 下久野 — 出雲八代 — 出雲三成 — 亀嵩 — 出雲横田 — 八川 — 出雲坂根 — 三井野原 — 油木 — 備後落合

神話のロマンを感じつつ里山を行く

のどかな風景が多い島根の中でも、木次線は屈指のローカル線。人々の暮らしと自然が調和する、里山の風情を堪能できます。

奥出雲は、『古事記』に登場するスサノオとヤマタノオロチの物語の舞台となったところ。近代以前に製鉄の中核であった「たたら製鉄」の盛んだった地域でもあり、その遺構や博物館などが沿線に点在しています。斐伊川沿いの桜並木で知られる「木次駅」には、小さいながら鉄道部と車両基地があります。

ローカル線でありつつも、険しい中国山地を越えて行く木次線。圧巻は「出雲坂根」の三段式スイッチバックです。降坂と登坂を繰り返しながら山腹を上がっていくディーゼルカーは、胸に迫るものがあります。

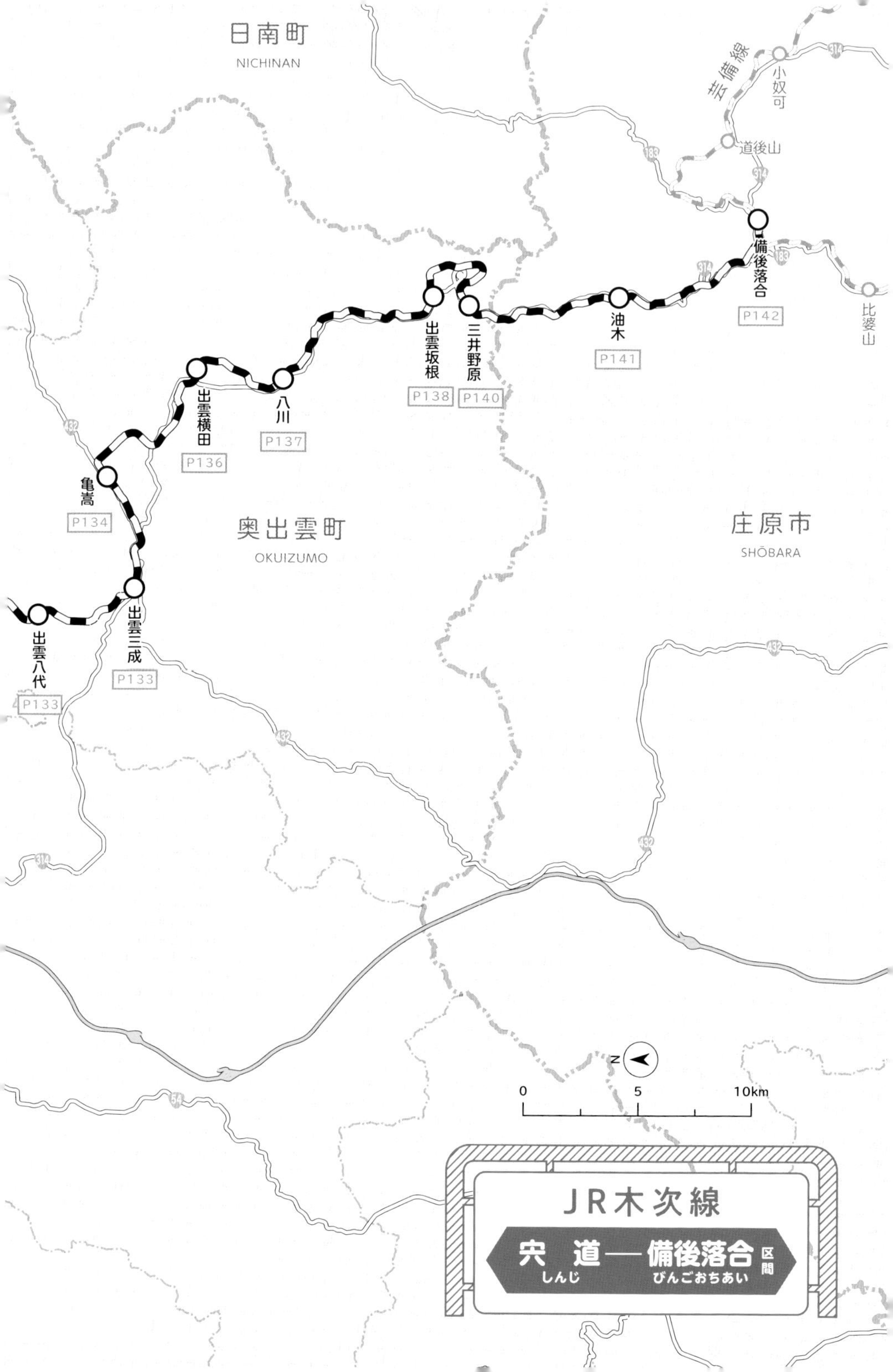
日南町
NICHINAN
芸備線
小奴可
道後山
備後落合
P142
比婆山
油木
P141
三井野原
P140
出雲坂根
P138
八川
P137
出雲横田
P136
亀嵩
P134
奥出雲町
OKUIZUMO
庄原市
SHŌBARA
出雲三成
P133
出雲八代
P133
183
314
432
54
N
0
5
10km
JR木次線
宍道《しんじ》—備後落合《びんごおちあい》区間

安来市
YASUGI
松江市
MATSUE
雲南市
UNNAN
出雲市
IZUMO
山陰本線
荒島
揖屋
東松江
松江
乃木
玉造温泉
来待
宍道
荘原
直江
出雲市
西出雲
松江
しんじ湖温泉
松江
イングリッシュ
ガーデン前
朝日ヶ丘
長江
秋鹿町
松江フォーゲルパーク
高ノ宮
津ノ森
伊野灘
一畑口
園
湖遊館新駅
布崎
一畑電車・北松江線
雲州平田
旅伏
美談
大寺
武志
川跡
大津町
高浜
木次線
南宍道
加茂中
幡屋
出雲大東
南大東
木次
日登
下久野
P126
P127
P127
P128
P128
P129
P130
P132
P132

[1]乗り換え看板。かつての陰陽連絡路線の名残を残す広島の文字。[2]木次線の起点を表す0キロポスト。[3]木次線に入るキハ120-3。2023年より木次線をイメージした新しいラッピングを施している。[4]3番乗り場の出発信号。山陰本線、木次線両方に対応している。左に伸びる線路が木次線。

3

1

2

4

宍道

しんじ

SHINJI

Ekitabi No.084

●島根県松江市宍道町宍道
●西日本旅客鉄道㈱(JR西日本)
●0.000km(宍道起点)
●明治42年(1909)11月7日
●2面3線

「ようこそ木次線へ」

木次線の起点駅で、木次線へ入る列車は3番乗り場が使用されています。この3番線には架線が張られていないため、ディーゼルを使った編成のみ入ることができます。

2017年に「トワイライトエクスプレス瑞風」の停車駅となったのを契機に駅舎がリニューアルされ、瑞風ゲートが設置されるなど様変わりしました。朝夕は通学客の乗換などで多くの利用客があります。

南宍道

みなみしんじ

MINAMI-SHINJI

Ekitabi No.085

◉島根県松江市宍道町白石
◉西日本旅客鉄道㈱（JR西日本）
◉3.630km（宍道起点）
◉昭和37年（1962）1月1日
◉1面1線

南宍道駅は木次線が全面開業した後に造られた駅で、有効長が短いことから開業当初より気動車のみが停車していました。4両編成などの長い編成の列車は、普通列車でも通過をしていました。

駅の近くには「金山要害山城跡」があり、この地を治めていた宍道氏の本拠地となっていました。

[1]南宍道駅の駅名標と待合用の小屋。[2]開設40周年の記念碑。右には開業記念碑があるがかなり風化が進んでいる。

[1]駅舎内には子どもたちの作品が多く飾られている。[2]加茂中駅駅舎。加茂中駅はホームより低い位置にあり、スロープでホームへ入る。

加茂中駅は木造瓦葺の古い駅舎が残っており、島式ホームへは駅舎内から坂道を登り構内踏切を渡って入ります。貨物用の坂道も残されており、貨物線路は現在作業用の車両の留置線として使われています。駅の北西にある「加茂岩倉遺跡」は、1か所としては最多の39個の銅鐸が発掘され、現在は国の史跡に指定されています。

加茂中

かもなか

KAMONAKA

Ekitabi No.086

◉島根県雲南市加茂町加茂中
◉西日本旅客鉄道㈱（JR西日本）
◉8.740km（宍道起点）
◉大正5年（1916）10月11日
◉1面2線

幡　屋

はたや

HATAYA

Ekitabi No.087

◉島根県雲南市大東町仁和寺
◉西日本旅客鉄道㈱（JR西日本）
◉11.780km（宍道起点）
◉大正7年（1918）2月11日
◉1面1線

かつては木造の駅舎がありましたが、撤去された後は待合室がある簡易的な建物となりました。

駅の南には赤川が流れており、川沿いにある河津桜は駅から徒歩10分のところにあります。桜が満開の季節になると多くの見物客でにぎわいます。

[1]幡屋駅入口。かつての駅舎の土台が残されている。[2]幡屋駅南にある赤川。

出雲大東

いずもだいとう

IZUMO-DAITŌ

Ekitabi No.088

◉島根県雲南市大東町飯田
◉西日本旅客鉄道㈱（JR西日本）
◉13.920km（宍道起点）
◉大正5年（1916）10月11日
◉1面1線

簸上《ひかみ》鉄道開業時の駅名は大東町駅でした。国鉄木次線に編入した時に、現在の駅名に改めています。

駅舎はかつては木造でしたが、２００７年に現在の駅舎になりました。カフェや特産品販売所などが併設されており、待合室は季節ごとの天井アートで彩られています。

[1]出雲大東駅駅舎。地域コミュニティの拠点となっている。[2]駅舎内には郵便局やパソコン教室などが入っている。

南大東

みなみだいとう

MINAMI-DAITŌ

Ekitabi No.089

◉島根県雲南市大東町上佐世
◉西日本旅客鉄道㈱（JR西日本）
◉17.500㎞（宍道起点）
◉昭和38年（1963）10月1日
◉1面1線

［1］南大東駅。すぐ横を国道が走っている。［2］ホームより出雲大東方面を望む。

南大東駅は木次線で最も新しく開業した駅です。出雲大東駅と木次駅の駅間が７㎞あり、そのちょうど中間あたりに駅が造られました。

近くには山陰最大級の巨大迷路である「ドラゴンメイズ」があります。個人による製作で毎年迷路のルートが変わることから、多くの来場者でにぎわいます。

駅旅スナップ

The landscape

木次線沿線風景

［1］宍道－南宍道駅区間沿線。
［2］南宍道－加茂中駅区間沿線。

木次駅駅舎。駅舎は数度の改装が行われている。

木　次

きすき

KISUKI

Ekitabi No.090

●島根県雲南市木次町里方
●西日本旅客鉄道㈱（JR西日本）
●21.120㎞（宍道起点）
●大正5年（1916）10月11日
●2面2線

きすきに恋をして

木次駅は木次線の中心駅であり、木次線所属の駅では唯一JR西日本の駅員が配置されています。駅舎は開業当時のものを改装しながら現在でも使っています。宍道駅から木次駅の区間は開業時は民営鉄道である簸上《ひかみ》鉄道の区間でした。その後、国の事業として木次駅より南に線路を延伸することとなり、短期間ではありますが、簸上鉄道と木次線は木次駅を中心として別路線となっていました。その後

[1]チェリヴァホールに展示されている出雲坂根駅のジオラマ。鉄道模型でスイッチバックを体験できる。[2]木次鉄道部の車庫にはキハ120が留置されている。[3]木次駅独特の駅名標。[4]木次駅に到着する「奥出雲おろち号」。2023年11月に引退した。[5]C56-108号機は30年以上木次線を支え続けた。

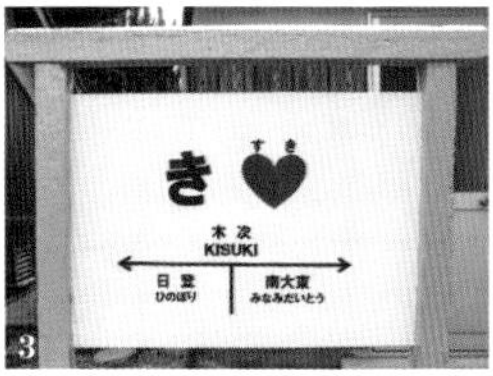

簸上鉄道の国有化により木次線に統一され、その中心駅として大きく発展しました。

駅舎の反対側には木次鉄道部と車両基地があります。車両基地には木次線を走るキハ120やディーゼル機関車の姿を見かけることもあります。

1998年から運行を開始した「奥出雲おろち号」は基本的に木次駅が発着点となっており、約25年間木次線の観光列車としてのみならず、沿線地域を代表する存在として活躍しましたが、2023年11月23日にその歴史的役割を終えました。

駅周辺はかつて紙座が設けられるなど商業が盛んに行われ、街並みにその名残が見られます。近くを流れる斐伊川の堤防には約2kmに渡ってソメイヨシノが植えられており、〝日本さくら名所100選〟に選ばれています。

日　登

ひのぼり

HINOBORI

Ekitabi No.091

◉島根県雲南市木次町寺領
◉西日本旅客鉄道㈱（JR西日本）
◉24.830km（宍道起点）
◉昭和7年（1932）12月18日
◉1面1線

日登駅は古くから使われている木造駅舎で、２０１８年に待合室と隣接するトイレの改修工事が行われました。中には国鉄時代の写真やタブレットなどが展示されています。

駅から木次寄りに向かうと「木次乳業」があります。全国で初めてのパスチャライズ牛乳は黄色いパッケージでおなじみです。

[1]日登駅駅舎。かつての駅事務所には地元企業が入っている。
[2]「日登駅」という題名の歌の歌詞看板。

下久野

しもくの

SHIMOKUNO

Ekitabi No.092

◉島根県雲南市大東町下久野
◉西日本旅客鉄道㈱（JR西日本）
◉31.570km（宍道起点）
◉昭和7年（1932）12月18日
◉1面1線

下久野駅はかつては1面2線の島式ホームでしたが、駅舎側の線路が撤去され、その跡は駅ナカ農園になっています。

駅の南にある下久野トンネルは木次線で最長の長さがあり、下久野駅周辺は工事の拠点となっていました。当時は手掘りだったため、完成までに2年2か月もの歳月を要しました。

[1]駅舎内には下久野に関する絵画が飾られている。[2]下久野駅駅舎。駅前通りにはかつての商店の跡などがある。

出雲八代
いずもやしろ
IZUMO-YASHIRO
Ekitabi No.093

◉島根県仁多郡奥出雲町馬馳
◉西日本旅客鉄道㈱（JR西日本）
◉37.420km（宍道起点）
◉昭和7年（1932）12月18日
◉1面1線

出雲八代駅は以前は２面２線の相対式ホームで、現在でもかつての２番乗り場のホームが残っており、春には桜が駅の風景を彩ります。

駅の西側には２０１１年に完成した尾原ダムがあります。ダムによって造られた湖は斐伊川の沿線を彩る桜と、地元にある八岐大蛇伝説から「さくらおろち湖」と命名されました。

[1]出雲八代駅駅舎。[2]駅舎内には駅周辺の精巧なジオラマが展示されている。

出雲三成
いずもみなり
IZUMO-MINARI
Ekitabi No.094

◉島根県仁多郡奥出雲町三成
◉西日本旅客鉄道㈱（JR西日本）
◉41.510km（宍道起点）
◉昭和7年（1932）12月18日
◉2面2線

駅舎は２００１年に完成したもので、構内には仁多特産市や奥出雲町観光協会と観光案内所が併設されています。

駅前の斐伊川を挟んだところには市街地が広がり、奥出雲町役場や宿泊施設などがあります。駅から徒歩３分のところにある仁多米食堂では、奥出雲町の名産品である仁多米をはじめとした食の名産を味わうことができます。

[1]出雲三成駅駅舎。産直販売所と観光協会が一緒になっている。[2]木次線の各駅には『古事記』にちなんだ駅名が付けられている。

亀嵩駅全景。1971年より営業を開始した「扇屋そば」が名物。

亀　嵩

かめだけ

KAMEDAKE

Ekitabi No.095

●島根県仁多郡奥出雲町郡
●西日本旅客鉄道㈱（JR西日本）
●45.940km（宍道起点）
●昭和9年（1934）11月20日
●1面1線

そばときっぷを一緒に買う

当時の亀嵩村に造られた駅ですが、これより先に延伸するルートの関係から村の中心部からは離れた場所に造られました。開業当時、地元の住民は3㎞ほどの道を歩いて駅を利用していました。木造の駅舎の中には改札口や待合室が当時と大きく姿を変えることなく残っています。

１９７１年より切符販売の簡易委託が始まり、その２年後には「扇屋そば」が開業しました。そば屋が切符を販売するという全国でもあまり見られない形と

4

5

1

2

3

[1]古い駅名標がよりレトロな空気感を作り出している。[2]入口には「亀嵩駅の手打そば」の文字。[3]砂の器の記念碑。揮毫は原作者松本清張によるもの。[4]ホームより出雲横田方面を望む。[5]亀嵩駅は改札や当時の出札口などが残っている。

なっています。

鉄道ファンだけでなく、石臼で挽かれたそば粉と奥出雲町の名水を使った美味しいそばに魅了される人が数多く訪れます。事前予約をしておくと、そば弁当をホームで受け取ることができます。

亀嵩駅が全国的な知名度を誇っているもう一つの理由が、推理小説作家松本清張の作品『砂の器』の重要な舞台となったことです。後に映画化された際には奥出雲町が映画のロケ地となりました。松本清張直筆による記念碑が、ロケ地の一つである湯野神社の入口に飾られています。湯野神社は少彦名命を祀っている神社であることから、亀嵩駅の愛称名となっています。

また、亀嵩温泉は美肌の温泉と言われており、多くの観光客が温泉を目当てに訪れています。

[1]「奥出雲たたらと刀剣館」ではたたらに関するさまざまな展示がある。[2]改札口にもしめ縄がある。[3]現在のラッピングを施す前のキハ120。黄色と緑色のラインが入った木次色と呼ばれている配色。[4]出雲横田駅駅舎。大しめ縄が駅舎のデザインにマッチしている。

3

1

2

4

出雲横田

いずもよこた

IZUMO-YOKOTA

Ekitabi No.096

●島根県仁多郡奥出雲町横田
●西日本旅客鉄道(株)(JR西日本)
●52.340km(宍道起点)
●昭和9年(1934)11月20日
●2面2線

たたらの火に魅せられて

駅舎が社殿造りの形をしており、入口の木製の駅名看板の下には大きなしめ縄が飾ってあります。

奥出雲町は全国生産量の7割を占めるそろばんが特産品で、駅の横には「雲州そろばん伝統産業会館」があります。また、かつてはたたら製鉄が行われており、「奥出雲たたらと刀剣館」では、たたら製鉄炉の巨大な地下構造を含む実寸大模型や、足踏み式鞴《ふいご》の体験コーナーがあります。

八　川

やかわ

YAKAWA

Ekitabi No.097

◉島根県仁多郡奥出雲町八川
◉西日本旅客鉄道㈱（JR西日本）
◉56.250km（宍道起点）
◉昭和9年（1934）11月20日
◉1面1線

八川駅は国鉄時代の雰囲気を残した駅舎が現存しており、改札口も当時のまま残っています。駅前の八川そばは山菜などを使ったざいごそばが名物です。ざいごとは奥出雲の方言で「田舎」という意味です。「簸上鉄道」を設立した絲原家13代絲原武太郎は八川村の生まれで、「絲原記念館」には木次線関連の展示物があります。

［1］八川駅駅舎。［2］駅前にある八川そば。

駅旅スナップ
The landscape

木次線沿線風景

［1］出雲八代－出雲三成駅区間沿線。
［2］八川－出雲坂根駅区間沿線。

出雲坂根駅全景。

名水とスイッチバックと

出雲坂根駅は2面2線の相対式ホームで、列車の行き違いが可能となっています。駅舎は2010年に奥出雲町によって建てられたものです。「奥出雲延命の館」という名称で地域のコミュニティセンターの機能を持ち、地元産の杉が多く使われています。敷地内には寿命100年を超えたと思われる古狸が好み飲用したと言われる「延命水」と呼ばれる名水が湧き出ており、この水を汲むために訪れる人も

出雲坂根
いずもさかね
IZUMO-SAKANE

Ekitabi No.098

●島根県仁多郡奥出雲町八川
●西日本旅客鉄道(株)（JR西日本）
●63.320km（宍道起点）
●昭和12年(1937)12月12日
●2面2線

[1]おろちループの途中にある「道の駅おろちループ」。[2]三段スイッチバックと三井野原駅の標高の看板。高低差160mを登るために三段スイッチバックとなっている。[3]駅の敷地内にある延命水は誰でも汲むことができる。[4]2面2線の相対式ホーム。列車の交換可能な設備となっている。[5]出雲坂根駅入口。

多くいます。

出雲坂根駅から三井野原駅の間には付近を流れる室原川の強い浸食によって造られた標高差150ｍもの崖があります。ここは木次線最大の難所であり、この崖を越えるため三段スイッチバックが造られました。この三段スイッチバックはＪＲ西日本管内で唯一のものです。

スイッチバックを抜けると崖沿いに造られた9つのトンネルを抜け三井野原駅に向かいます。この間の景色は山陰屈指の絶景であり、眼下には１９９２年に開通した奥出雲おろちループや三井野大橋を望むことができ、秋には紅葉が辺り一面に広がります。「道の駅おろちループ」は、木次線屈指の鉄道写真スポットにもなっています。

[1]副駅名である高天原の看板。[2]比較的新しい駅舎の中は冬でも過ごしやすい。[3]ホームより出雲坂根方面を望む。奥にはスキー場があり、かつてはスキー列車の運行もあった。[4]三井野原駅駅舎全景。

三井野原

みいのはら

MIINOHARA

Ekitabi No.099

●島根県仁多郡奥出雲町八川
●西日本旅客鉄道㈱（JR西日本）
●69.650km（宍道起点）
●昭和24年（1949）12月24日
●1面1線

駅のために作ったスキー場

木次線開通当初は、地区の真ん中を通っているにも関わらず駅が設置されておらず、住民は隣の駅まで長い距離を歩いていました。そこで、駅設置のために三井野原スキー場建設を計画しました。結果的に仮乗降場とスキー場がほぼ同時に開業しました。中国地方の各方面からスキー列車に乗り、多くのスキーヤーが三井野原に訪れました。このため、駅周辺にはスキー客のための施設が数多く並んでいました。

油　木
ゆき
YUKI

Ekitabi No.100

◉広島県庄原市西城町油木
◉西日本旅客鉄道㈱（JR西日本）
◉75.290km（宍道起点）
◉昭和12年（1937）12月12日
◉1面1線

ここからは広島県に入ります。かつては1面2線のホームがあり、駅舎も存在していましたが現在は跡を残すのみです。

駅の横には西城川が流れています。三井野原を分水嶺として、この地を流れた水は三次市で江の川と合流し、最終的には日本海に注ぎ込みます。

[1]油木駅駅舎。[2]油木駅待合室と駅名標。

駅旅スナップ
The landscape

木次線沿線風景

[1]出雲坂根－三井野原駅区間沿線。
[2]油木－備後落合駅区間沿線。

3方面から備後落合駅にキハ120が集う。

鉄道ファンが落ち合う駅

　木次線の終点駅で、芸備線と接続しているため、かつては中山間地域にある駅としては巨大なターミナルとして存在していました。全盛期には姫路や岡山など各方面への直通列車があり、急行「ちどり」や「たいしゃく」など、数多くの優等列車や貨物列車が行き交う陰陽連絡の要の駅でした。

　また、転車台や給炭所など多くの鉄道設備が存在し、機関車の付け替え作業なども行ってい

備後落合
びんごおちあい
BINGO-OCHIAI

Ekitabi No.101

●広島県庄原市西城町奥八鳥
●西日本旅客鉄道㈱（JR西日本）
●81.943km（宍道起点）
●昭和10年（1935）12月20日
●2面3線

[1] 1番線に到着する木次線のキハ120。[2]駅にあるジオラマセット。かなり精巧な作りをしている。[3]おでんうどんはかつての備後落合駅の名物料理で、現在は「ドライブインおちあい」で食べることができる。[4]備後落合駅駅舎。多くの駅員がいた時代のまま残されている。[5]蒸気機関車全盛期を思い起こさせる転車台。

たため、全盛期には200人を超える職員が配属されていました。駅の横には官舎があり、職員はそこで生活をしていました。これらの遺構は現在でも一部残っており、当時の活況ぶりをうかがうことができます。

現在の備後落合駅は1日に数本の列車が発着するのみで、無人駅となっています。しかし、秘境駅の観光スポットとして人気となっています。また、備後落合駅で勤務していたOBの方が駅の説明をするボランティアガイドをされています。

かつての名物に「おでんうどん」というものがあり、駅構内で売られていましたが、現在は駅から徒歩10分程度のところにある「ドライブインおちあい」で味わうことができます。

木次駅⇄三井野原駅

駅旅SPOT

Kisuki-Line **木次線沿線**

駅間距離｜約 **48.5**km

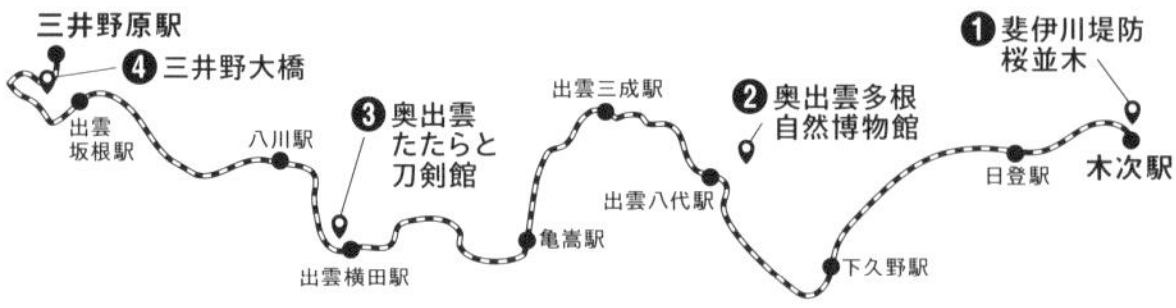

ACCESS

Let's go!

未知なるロマンが潜む 奥出雲ののどかな魅力

中国地方きっての山岳路線が通るこのエリアは、自然が作り出した美しい景観が見どころ。ぜひ、カメラを手に散策を。

❶斐伊川堤防 桜並木

「日本さくら名所100選」に選ばれた、中国地方随一の桜の名所。

ヤマタノオロチ伝説で有名な斐伊川に沿って、約2kmの桜のトンネルができます。

昼間とは違った雰囲気が楽しめる、夜桜もおすすめ。

島根県雲南市木次町木次

最寄り駅 木次駅→徒歩1分

❷奥出雲多根 自然博物館

中国地方では珍しい恐竜に出会えるミュージアム。

恐竜・古代生物の化石や、貴重な鉱物を展示しており、実は「泊まれる」博物館なんです。

人気の宿泊者限定ナイトミュージアムには、プロジェクションを使った独創的な展示が追加されました。

島根県仁多郡奥出雲町佐白236-1

最寄り駅 出雲八代駅→徒歩20分

❸奥出雲たたらと刀剣館

奥出雲町は、古代からの製鉄法「たたら製鉄」の炎が今現在も燃えている唯一の場所。

そのたたら製鉄について総合的に展示・紹介する施設で、巨大な実物大たたら炉の断面模型や、体験もできる吹子の実物模型が見どころです。

島根県仁多郡奥出雲町横田1380-1

最寄り駅 出雲横田駅→徒歩15分

車窓SPOT 出雲坂根ー三井野原間

❹三井野大橋

広島県と島根県の県境付近にある、赤いアーチが特徴的な橋。

春・夏は、豊かな緑が生い茂り、秋には紅葉、そして冬には雪景色となる木々たちと、橋の人工的な赤色のコントラストが目を惹きます。

島根県仁多郡奥出雲町八川

特集Ⅱ

ここにも鉄道が走っていた

廃線・廃駅を巡る

There was also a railroad running here

廃線・廃駅を巡る

JR三江線［１９３０－２０１８］

三江線は三次駅（広島県）と江津駅（島根県）を結ぶための陰陽連絡路線として計画された鉄道で、両駅の頭文字を取って「三江線」と命名されました。中国地方きっての大河で古くから水運交通に利用されていた江の川に沿って、中国地方の谷間を大きく迂回しながら抜ける路線でした。

１９３０年に江津駅から隣町・桜江町の川戸駅までが開通したのを皮切りに、「三江北線」「三江南線」として両側から徐々に線路を伸ばしていきました。それから非常に長い期間をかけて建設され、１９７５年に最後の区間である県境越えの浜原—口羽駅間が開業し、45年かけてようやく全通に至りました。しかし、その当時すでに地域間移動は道路利用主体に移行しており、全通前から国鉄の廃止予定リストにその名があるほどでした。

もともと人口の少ない地域を抜けていくルートであるうえに、蛇行する江の川に沿って営業キロも長くなっているため、山陽と山陰を結ぶ路線であるにもかかわらず定期の優等列車は一度も走ったことがありません。それどころか、利用減少が著しく、度重なる自然災害もあり、２０１８年３月31日、三江線は43年の歴史に幕を閉じました。

廃線後の各沿線市町では、三江線を貴重な「鉄道遺産」として観光などに活かそうと、さまざまな取り組みが行われています。

1

2

[1]三江線口羽駅附近
[2]三江線都賀行附近工事
提供・所蔵：[1〜2]島根県立図書館

その一例として、口羽駅から県境の鉄橋を越える部分は、ＮＰＯ法人「江の川鐵道」によって観光トロッコに生まれ変わっています。また「天空の駅」として親しまれた宇都井駅も、公園として保存されています。

▲JR三江線・線路図

一畑電鉄広瀬線（１９２８－１９６０）

大正時代末期に、月山富田城の城下町として栄えた昔の繁栄を取り戻したいと考えた島根県能義郡広瀬地区の住民が、山陰本線と広瀬を結ぶ鉄道を計画し「広瀬鉄道」を設立しました。県庁所在地・松江との往来を念頭に置いたことから、接続駅を安来駅の一つ松江寄りになる荒島駅に設定して、昭和時代初頭に荒島－出雲広瀬駅間が開業しました。島根県では一畑電気鉄道北松江線に次いで２番目に電車の走った路線です。

当初は旅客・貨物が多く活況を呈していたこの路線も、第二次世界大戦中には国策により伯陽電鉄（現日ノ丸自動車）と合併して山陰中央鉄道の広瀬線になり、戦後は独立して島根鉄道と名乗ったものの、間もなく経営難から一畑電気鉄道に吸収され、同

3

[3] 三江線（昭和40年代）
提供・所蔵：島根県立図書館

鉄道の広瀬線となりました。

しかし、モータリゼーションの進展や沿線の過疎化で乗客や貨物は減少し、それ故に老朽化した施設を更新することもままならない状態だったため、一畑電気鉄道の株主総会において、廃止してバスに転換するという決議がなされました。そのことを知った広瀬地区の住民は何年にもわたって強硬な廃止反対運動を展開し、島根県にも調停を要請しましたが、最終的には地域住民側も折れ、32年の歴史に幕を下ろしました。

▲一畑電鉄広瀬線・線路図（1960年当時）

一畑電鉄立久恵線（1932−1965）

当初は陰陽連絡鉄道を目指して、「大社宮島鉄道（出雲大社と厳島神社を結ぶ）」という壮大な社名をつけ、出雲―三次間に鉄道を敷設する計画でした。ところが昭和恐慌の影響と、木次線の建設により陰陽連絡鉄道が完成されたことなどが原因で、出雲今市（現出雲市）―出雲須佐駅間の開業にとどまり、社名を出雲鉄

4

[4]広瀬線・出雲広瀬駅（昭和30年代）
提供・所蔵：一畑電気鉄道株式会社

道に改称しました。

戦後は出雲平野に鉄道路線を展開している一畑電気鉄道に吸収され、沿線の景勝地である立久恵峡に由来して同社の立久恵線となります。社名は「一畑電気鉄道」ながら電化されることはなく、一畑電気鉄道唯一の非電化路線として営業を続けました。本来の目的であった貨物運送が低迷したため旅客鉄道として運賃収入に頼るしかなく、唯一の観光地である「立久恵峡」の宣伝に努め、沿線住民の足としても利用されていました。

しかし、過疎化やモータリゼーションの進展で経営状況は芳しくなく、1964年に島根県東部を襲った梅雨末期の集中豪雨（昭和39年7月山陰北陸豪雨）で路盤が流失したことを契機に営業は中止。1965年に路盤流失部分の復旧を行わないまま廃線となりました。

▲一畑電鉄立久恵線・線路図

一畑駅（1915－1960）

一畑駅は当時の一畑軽便鉄道の創立目的のひとつである一畑寺（一畑薬師）への参拝客輸送のための最寄り駅として、出雲今市（現電鉄出雲市）—雲州平田駅間の開通より1年遅れて1915年に開業しま

5

6

[5] 立久恵駅（昭和30年代）
提供・所蔵：一畑電気鉄道株式会社
[6] ディーゼルカー、一畑電鉄出雲須佐駅
提供・所蔵：出雲市役所 佐田行政センター

した。当初は終着駅でしたが、1928年の松江方面への延伸にともない、全体から見ると終着駅というよりは、いわゆる盲腸線の端のような位置となりました。

その後、太平洋戦争末期の1944年に一畑口駅—一畑駅間が不要不急路線としてレールなどの鉄材が供出されたため営業休止。そのまま復活することなく、1960年に正式に廃止されました。一畑駅廃止後は、隣駅である小境灘駅から名を改めた一畑口駅が一畑寺（一畑薬師）の最寄り駅となっています。

駅があった周辺は、路盤跡が整備されて島根県道23号斐川一畑大社線になっています。

▲一畑駅・所在地

JR大社線（1912-1990）

大社線は、かつて島根県出雲市の出雲市駅から大社駅までを結んでいた西日本旅客鉄道（JR西日本）の鉄道路線です。出雲市駅を除くと3駅だけの短い路線でしたが、第二次世界大戦以前から出雲大社への参詣路線として、京都・大阪方面などからの直通

7

8

[7]一畑口駅（昭和30年代）
[8]一畑薬師寺（昭和40年代頃）
提供・所蔵：[7〜8]島根県立図書館

優等列車も運行されていました。戦後になってからも東京直通の急行列車「出雲」をはじめ、1980年代まで「大社」や「だいせん」といった急行列車や、参詣者の団体臨時列車などが乗り入れていました。

　1987年に国鉄分割民営化により西日本旅客鉄道に承継されましたが、特定地方交通線第3次廃止対象線区として承認され、1990年に廃止されました。廃線前の輸送密度は2661人／日で、路線バスに転換された特定地方交通線の中ではもっとも高い路線でした。同日に廃止・転換された宮津線（京都府）・鍛冶屋線（兵庫県）とともに特定地方交通線の中で最後までJR運営で残った路線であり、各線の廃止・転換をもって特定地方交通線全線の転換が終了しました。

　廃止後は一畑電気鉄道による代替バスに転換され、現在は一畑バスに引き継がれています。また、和風木造の旧大社駅舎は、国の重要文化財・島根県指定文化財に指定され現在も保存され観光地としてにぎわっています。線路跡は出雲市駅―荒茅駅までの区間がサイクリングロードとなっており（一部通行不可区間あり）、出雲高松駅、荒茅駅ともにプラットホームが残されています。

▲JR大社線・線路図

9

[9]急行列車「出雲」
[10～11]国鉄大社駅
提供・所蔵：[9～11]島根県立図書館

11

10

山口線

YAMAGUCHI LINE

仁保駅

津和野－青野山駅区間沿線

終点：益田　　起点：新山口

新山口・周防下郷・上郷・仁保津・大歳・矢原・湯田温泉・山口・上山口・宮野・仁保・篠目・長門峡・渡川・三谷・名草・地福・鍋倉・徳佐・船平山・津和野・青野山・日原・青原・東青原・石見横田・本俣賀・益田

ＳＬ列車も走る自然豊かな路線

ＳＬ列車が走ることから、観光路線のイメージが強い山口線ですが、山陽新幹線に接続する「新山口」と「益田」の間には特急「スーパーおき」が走っており、山陰と山陽・九州を結ぶ重要な路線でもあります。

「益田」から天文台のある「日原」まで、列車は国内有数の清流である高津川に沿って走ります。豊かな自然とローカル線の風情を満喫することができます。

「津和野」は、島根県内最南端の駅。「山陰の小京都」と呼ばれ、城下町の面影を色濃く残す町には多くの観光客が訪れます。蒸気機関車「ＳＬやまぐち号」は「津和野」と「新山口」の間で、おもに土日祝日に運行されています。

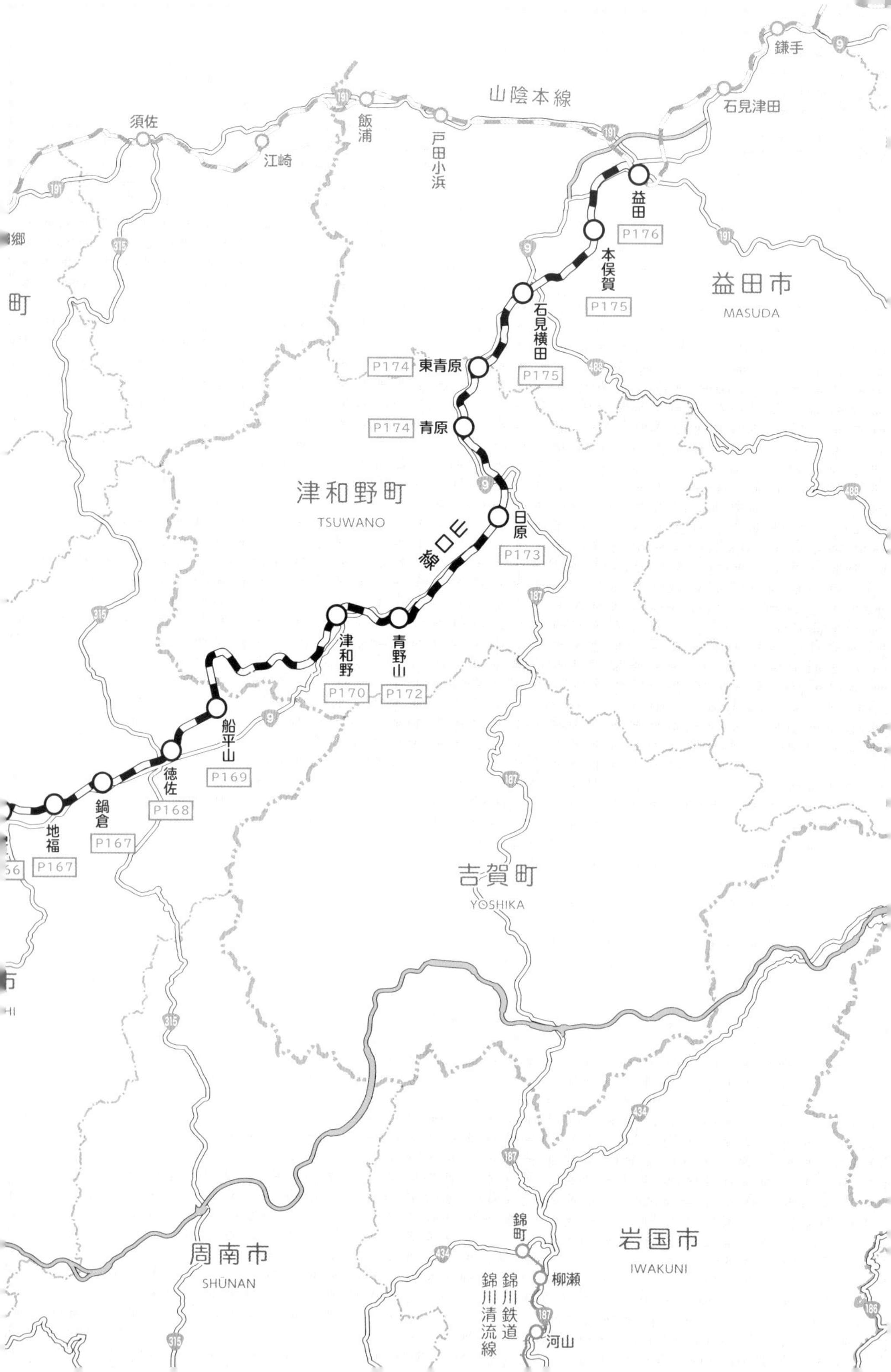

山陰本線
鎌手
石見津田
須佐
江崎
飯浦
戸田小浜
益田
P176
本俣賀
P175
益田市
MASUDA
石見横田
P175
P174 東青原
P174 青原
津和野町
TSUWANO
日原
P173
山口線
津和野
P170
青野山
P172
船平山
P169
徳佐
P168
鍋倉
P167
地福
P167
吉賀町
YOSHIKA
周南市
SHŪNAN
岩国市
IWAKUNI
錦町
柳瀬
河山
錦川鉄道錦川清流線

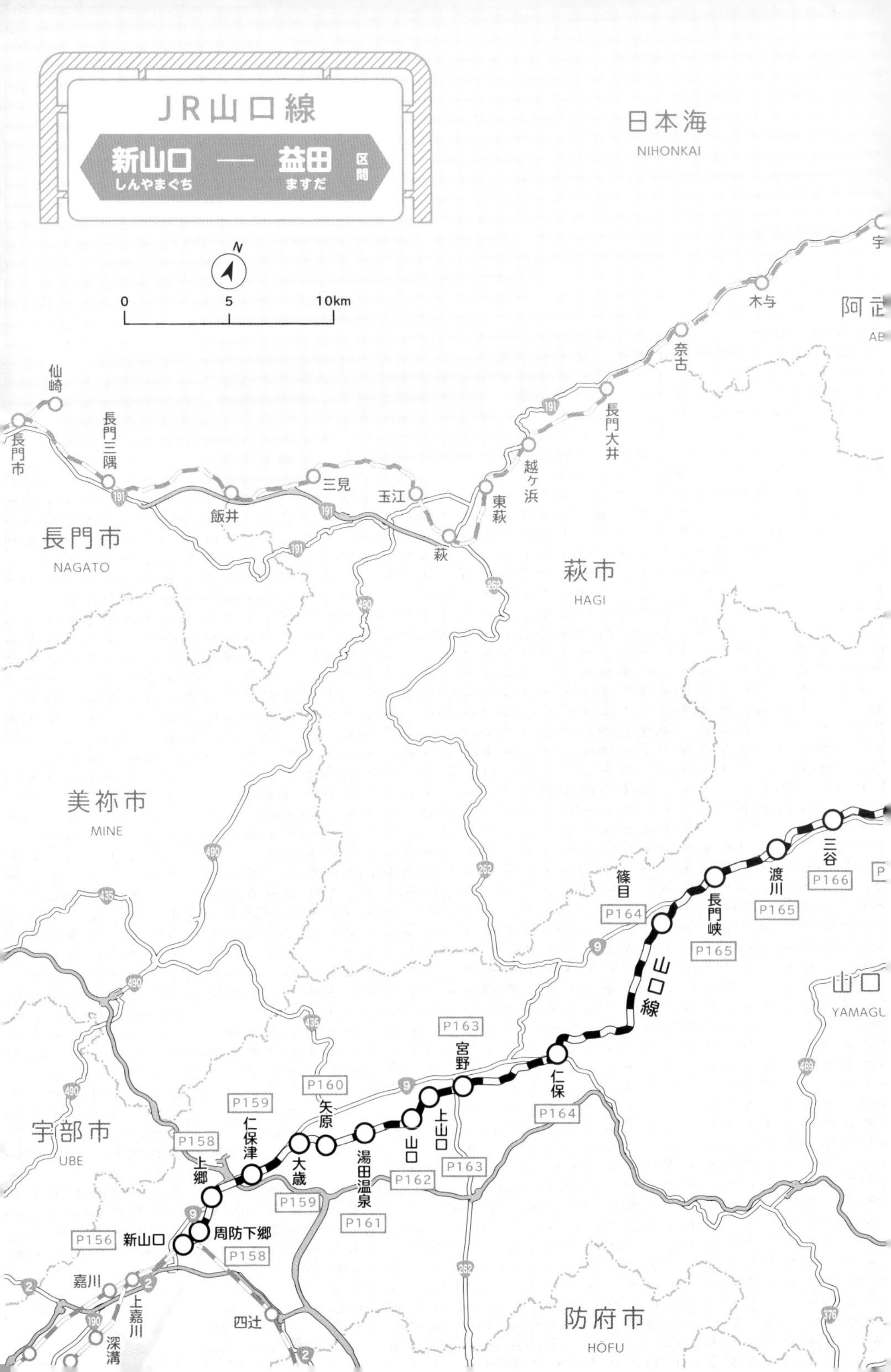
JR山口線
新山口《しんやまぐち》 —— 益田《ますだ》
区間
N
0 5 10km
日本海
NIHONKAI
長門市
NAGATO
萩市
HAGI
美祢市
MINE
宇部市
UBE
防府市
HOFU
山口
YAMAGU
阿武
AB
仙崎
長門市
長門三隅
飯井
三見
玉江
萩
東萩
越ケ浜
長門大井
奈古
木与
宇
191
490
262
435
9
2
190
489
376
山口線
新山口
周防下郷
上郷
仁保津
大歳
矢原
湯田温泉
山口
上山口
宮野
仁保
篠目
長門峡
渡川
三谷
嘉川
上嘉川
深溝
四辻
P156
P158
P158
P159
P159
P160
P161
P162
P163
P163
P164
P164
P165
P165
P166

新山口駅新幹線口。

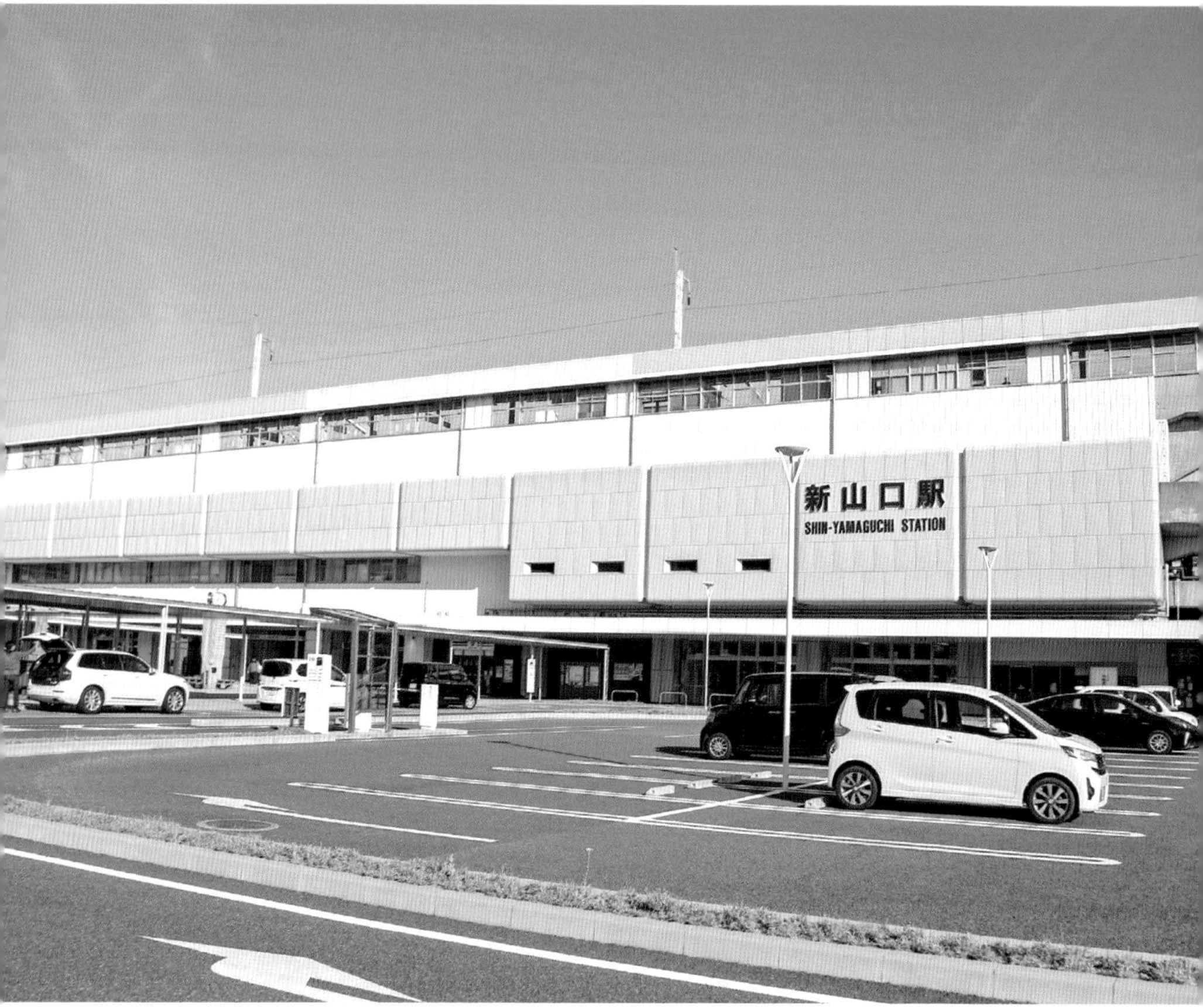

新幹線から山陰へ

新山口駅はかつては小郡《おごおり》駅という名称で、新幹線が開業した当時も駅名が変更されることはありませんでした。その後、「のぞみ」の停車を要望する過程において駅名を変更することが条件として挙げられました。そして、２００３年10月に新山口駅となり、新幹線駅で開業後に駅名が変更された初めての例となりました。駅周辺には元号にちなんだ地名が多くあり、駅の住所も２０２１年に「令和」が

●山口県山口市小郡令和
●西日本旅客鉄道㈱（JR西日本）
●0.000km（新山口起点）
●明治33年（1900）12月3日
●7面10線

4

5

1

2

3

[1]新幹線口の広場にある自由律俳句の俳人種田山頭火の像。[2]新山口駅に隣接する維新ホール。[3]かつての名称である小郡駅の駅名標。[4]新山口駅在来線口。[5]新山口駅は多くのキハ47が入ってくる。

入ったものになりました。

1番乗り場は主に山口線で使われており、「ＳＬやまぐち号」の出発ホームとなっています。小郡駅時代の駅名標を再現した物や、ＳＬひろばにはＤ51で使われた車輪が展示されています。

駅の東側には「下関総合車両所新山口支所」があり、「ＳＬやまぐち号」で使われているＪＲ西日本35系客車はここの所属となっています。

小郡地区は自由律俳句の俳人種田山頭火ゆかりの地で、駅の南口には像が建立されており、台座には「まったく雲もない笠をぬぎ」という俳句が彫られています。駅から15分ほど歩いたところには、山頭火が50歳のころに結庵した「其中庵《ごちゅうあん》」があります。

周防下郷
すおうしもごう
SUŌ-SHIMOGŌ
Ekitabi No.103

◉山口県山口市小郡下郷
◉西日本旅客鉄道㈱（JR西日本）
◉1.000km（新山口起点）
◉昭和10年（1935）12月20日
◉1面1線

小郡地区の住宅街の中にあり、新山口駅との間には「下関総合車両所新山口支所」があります。

　堪野川を挟んだ対岸には石ヶ坪山があり、山頂から小郡地区を一望できるハイキングコースとして知られています。また、新幹線や山口線などの撮影が同時にできる人気スポットとなっています。

[1]椅子や券売機がある上屋。券売機にはレノファ山口のマスコット「レノ丸」がラッピングされている。[2]周防下郷駅ホーム。

上郷駅周辺は、１９６０年代から大規模開発がはじまり、今は新興住宅街になっています。さらに大学や高校の最寄り駅にもなっていることから、山口線の中でも利用者数が多い駅となっています。

　かつての駅周辺には国道９号の整備前から石州街道が通っていて、街道沿いに家が建ち並んでいました。

上郷
かみごう
KAMIGŌ
Ekitabi No.104

◉山口県山口市小郡新町
◉西日本旅客鉄道㈱（JR西日本）
◉2.700km（新山口起点）
◉大正3年（1914）11月2日
◉1面1線

[1]山口方面へ向かうキハ47。[2]上郷駅駅舎。

仁保津
にほづ
NIHOZU
Ekitabi No.105

◉山口県山口市小郡上郷仁保津
◉西日本旅客鉄道㈱(JR西日本)
◉4.600km(新山口起点)
◉昭和47年(1972)4月10日
◉1面1線

仁保津駅周辺は、駅が設置される前の1960年代には多くの田んぼが広がっていました。

1972年に仁保津仮乗降場として設置されたのを境として、住宅街の開発が行われ、周辺人口は急激に増加しました。それに伴って、国道9号沿いにはロードサイドの店舗が次々に建てられました。

1

2

[1]仁保津駅出入口。[2]ホームは鉄骨組みで造られている。

大歳
おおとし
ŌTOSHI
Ekitabi No.106

◉山口県山口市朝田
◉西日本旅客鉄道㈱(JR西日本)
◉7.300km(新山口起点)
◉大正2年(1913)2月20日
◉2面2線

大歳駅は2011年にリニューアル工事が行われ、これまでの駅舎から地域交流ステーション「交流列車おおとし」となりました。

Jリーグ・レノファ山口の本拠地「維新みらいふスタジアム」の最寄り駅となっており、チームカラーのオレンジのラインが駅からスタジアムまで繋がっています。

1

2

[1]郵便ポストがレノ丸仕様。[2]「交流列車おおとし」全景。

矢　原

やばら

YABARA

Ekitabi No.107

◉山口県山口市矢原
◉西日本旅客鉄道㈱（JR西日本）
◉8.600km（新山口起点）
◉昭和10年（1935）10月1日
◉1面1線

矢原駅は山口線開通後の1935年に造られた駅です。大歳駅と同様に「維新みらいふスタジアム」の最寄り駅として、スタジアムまでオレンジのラインが引かれています。

近隣の高校の最寄り駅にもなっており、朝夕は通学客が多く利用します。矢原河川公園は椹野川沿いにあり、地元の方の憩いの場として親しまれています。

[1]矢原駅を出発するキハ47。[2]維新みらいふスタジアム正面。Jリーグ・レノファ山口のホームスタジアム。

駅旅スナップ

The landscape

山口線沿線風景

[1]新山口駅。

[2]湯田温泉駅の足湯。

[1]湯田温泉駅はかつては相対式ホームだったが、現在は１線のみ使われている。[2]「中原中也記念館」は生家の跡地に建てられている。[3]湯田温泉の温泉街には足湯が点在している。[4]湯田温泉駅駅舎。

3

1

2

4

白狐に誘われ温泉へ

湯田温泉は山陽屈指の規模を誇る温泉地であり、湯田温泉駅はその最寄り駅です。白狐が温泉に浸かっていたのを発見したという伝説があり、駅の敷地内にはこの伝説にちなんだ巨大な白狐の像があります。温泉街には足湯などが点在しており、気軽に温泉を楽しむことができます。

昭和初期の詩人中原中也はこの地で生まれており、生家の跡地には「中原中也記念館」が建てられています。

湯田温泉
ゆだおんせん
YUDAONSEN

Ekitabi No.108

◉山口県山口市今井町
◉西日本旅客鉄道㈱（JR西日本）
◉10.300㎞（新山口起点）
◉大正2年（1913）2月20日
◉1面1線

1

2

3

[1]レトロな駅名標は「SLやまぐち号」がよく似合う。[2]駅の入口には巨大な大内人形の夫婦が並ぶ。[3]キハ47が並ぶ姿は山口駅ならでは。[4]山口駅駅舎。

4

●山口市惣太夫町
●西日本旅客鉄道㈱（JR西日本）
●12.700km（新山口起点）
●大正2年（1913）2月20日
●2面3線

大内文化の玄関口

２面３線の駅で、山口線所属の駅としては唯一、３線が使われています。１９７８年に現在の駅舎が建てられており、入口には２００８年より大内人形が飾られています。山口市の各所には大内文化が色濃く残っており、国宝「瑠璃光寺」など多くの名勝があります。山口駅開業時には佐賀県にも山口駅が存在していましたが、そちらが肥前山口と名を改め、こちらが単独の山口駅となりました。

◉山口県山口市道祖町
◉西日本旅客鉄道㈱（JR西日本）
◉13.900㎞（新山口起点）
◉昭和28年（1953）4月10日
◉1面1線

開設時は日赤前仮乗降場という名称でしたが、開業後1か月足らずで現在の名称となりました。駅は若干高い位置にあり、階段でホームまで上がります。

駅の近くには〝続日本100名城〟にも選ばれている「大内氏館跡」があります。大内氏の本拠地であり、現在は大内義隆の菩薩を弔う龍福寺となっています。

［1］上山口駅ホームより宮野方面を望む。［2］龍福寺入口。

◉山口県山口市桜畠
◉西日本旅客鉄道㈱（JR西日本）
◉15.500㎞（新山口起点）
◉大正6年（1917）7月1日
◉1面2線

駅舎は2013年に「地域交流ステーション宮野」の名称でリニューアルされ、住民交流の場として利用されています。入口には開設当初に植樹されたカイズカイブキがあります。

駅から徒歩20分のところにある常栄寺の庭園は「雪舟庭」とも言われており、国の史跡および名勝に指定されています。

［1］国の名勝となっている常栄寺雪舟庭。［2］「地域交流ステーション宮野」の横の木は開設時に植えられた。

●山口県山口市仁保中郷
●西日本旅客鉄道㈱（JR西日本）
●20.200km（新山口起点）
●大正6年（1917）7月1日
●1面2線

仁保駅はホームが入口より低い位置にあり、ホームへは歩道橋を使って入ります。歩道橋の入口横にはかつて存在した駅舎の跡が残っています。

仁保地区には日本最大の衛星通信施設である「ＫＤＤＩ山口衛星通信センター」があり、直径３４ｍの衛星通信用パラボラアンテナは日本最大の大きさを誇ります。

[1]仁保駅は谷合にある駅で入口はホームよりも高い位置にある。[2]日本最大級のパラボラアンテナの基地は仁保地区にある。

●山口県山口市阿東篠目細野
●西日本旅客鉄道㈱（JR西日本）
●28.900km（新山口起点）
●大正6年（1917）7月1日
●1面2線

ＳＬが主流だった時代には、小郡駅を出発した後の津和野方面の急勾配に備えて篠目駅で給水と給炭を行っていました。

駅の東側にあるレンガ造りの給水塔は当時の姿を留めており、「ＳＬやまぐち号」と当時の建造物とのツーショットが撮れる人気の写真スポットとなっています。

[1]列車交換可能な島式ホーム。[2]レンガ造りの給水塔はこの駅の名物。

[1]長門峡駅駅舎。[2]長門峡の絵図がホームに飾られている。

長門峡
ちょうもんきょう
CHŌMONKYŌ
Ekitabi No.114

◉山口県山口市阿東生雲東分御堂原
◉西日本旅客鉄道㈱(JR西日本)
◉32.300km(新山口起点)
◉大正11年(1922)4月29日
◉1面1線

長門峡駅は1面1線の小さな駅です。ホームには長門峡の絵が飾ってあり、その雄大さを感じることができます。

長門峡は全長が12kmにも及び、駅近くが山口市側の出入口となっており、もう一方は萩市が出入口となっています。四季の変化に富んでおり、国の名勝にも指定されています。

渡川
わたりがわ
WATARIGAWA
Ekitabi No.115

◉山口県山口市阿東生雲東分渡川
◉西日本旅客鉄道㈱(JR西日本)
◉35.500km(新山口起点)
◉昭和36年(1961)4月1日
◉1面1線

渡川駅は1961年に設置された駅です。設置当初より気動車のみが停車する駅として運用されており、それは「SLやまぐち号」においても同様で、上下線とも通過をします。

駅の南の国道9号沿いに「米の駅あとう直売センター」があるように、阿東は山口県屈指の米の産地として知られています。

[1]渡川駅には駅舎はなく小さな待合室のみ。[2]田植え前の田んぼには山々が逆さに映る。

三谷
みたに
MITANI
Ekitabi No.116

◉山口県山口市阿東生雲東分三谷
◉西日本旅客鉄道㈱（JR西日本）
◉38.600km（新山口起点）
◉大正7年（1918）4月28日
◉1面2線

三谷駅は山口県側の山口線の駅では数少ない「スーパーおき」停車駅です。以前は国鉄時代に造られた瓦葺きの駅舎がありましたが、現在は待合室があるのみとなっています。

駅前を通る山口県道311号はかつては阿東と山口を結ぶ重要な道路で、駅の近くには県道11号との交差点があり、交通の要衝として栄えていました。

[1]入線してくるキハ47。[2]三谷駅はこの大きな木が特徴的。

名草
なぐさ
NAGUSA
Ekitabi No.117

名草駅も渡川駅と同じ１９６１年に設置された駅です。こちらの駅も気動車のみ停車し、客車列車などは通過をしていました。

名草駅周辺は田畑が整然と並んでいます。駅の南を流れる阿武川は長門峡を通じて萩市付近まで流れています。

◉山口県山口市阿東地福下字名草
◉西日本旅客鉄道㈱（JR西日本）
◉41.400km（新山口起点）
◉昭和36年（1961）4月1日
◉1面1線

[1]近くの川では鯉のぼりが泳いでいる。[2]曲線区間にホームが作られている。[3]名草駅全景。

◉山口県山口市阿東地福上字惣原
◉西日本旅客鉄道㈱（JR西日本）
◉43.900㎞（新山口起点）
◉大正7年（1918）11月3日
◉1面2線

地福駅は国鉄時代の駅舎が残っており、島式ホームへは構内踏切を使って入ります。ホームが比較的幅広く造られており、「ＳＬやまぐち号」の撮影スポットとなっています。

駅の北にある「大《おお》蔵《くら》嶽《だけ》神《じん》社《じゃ》」は海上安全・五穀豊穣のご利益があると言われています。

［1］地福駅駅舎。［2］駅の北側にある「大蔵嶽神社」。

鍋倉駅は１９６２年に仮停車場として設置され、翌年には駅に昇格しました。当初から駅舎はなく、無人駅でした。

山口市の北東部にある阿東地区はりんごの産地として有名です。特に鍋倉駅周辺にはりんご園が数多くあり、シーズンにはりんご狩りを楽しむ人でにぎわいます。

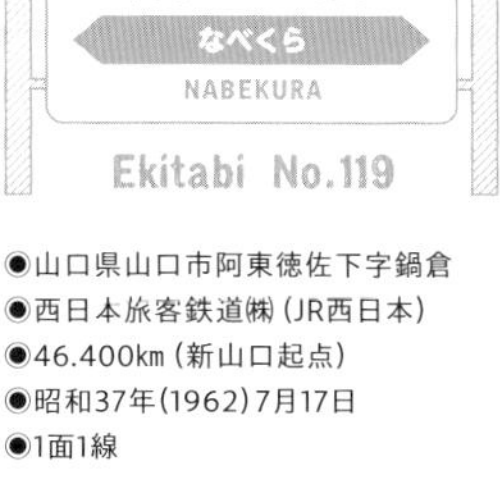

◉山口県山口市阿東徳佐下字鍋倉
◉西日本旅客鉄道㈱（JR西日本）
◉46.400㎞（新山口起点）
◉昭和37年（1962）7月17日
◉1面1線

［1］鍋倉駅ホームと待合室。駅舎はなく簡易的な造り。［2］観光用の鍋倉駅の駅名標。

[1]取材時は夏だったが、春になるとシダレザクラが覆いつくす。[2]島式ホームへは跨線橋を使う。仁保駅同様谷の中に線路がある。[3]地域の中心駅らしく広いホームとなっている。[4]徳佐駅駅舎。

シダレザクラの美に誘われて

徳佐駅は山口市阿東地区の中心地にあります。駅はホームが低い位置にあるため、跨線橋で島式ホームへ入ります。徒歩圏内には旧阿東町役場である阿東総合支所などの公共施設が点在しています。「徳佐しだれ桜」は春の風物詩で、特に徳佐八幡宮には約370メートルの参道の両側に、シダレザクラ77本を中心とした計360本の桜があり、その美しさから2021年に国の名勝に指定されました。

●山口県山口市阿東徳佐中
●西日本旅客鉄道㈱（JR西日本）
●49.900km（新山口起点）
●大正7年（1918）11月3日
●1面2線

船平山

ふなひらやま

FUNAHIRAYAMA

Ekitabi No.121

◉山口県山口市阿東徳佐上水戸
◉西日本旅客鉄道㈱（JR西日本）
◉52.800km（新山口起点）
◉昭和36年（1961）4月1日
◉1面1線

駅には小さな待合室があり、縦書きで旧字体の駅名標がひときわ目を引きます。

駅から15分ほど歩くと船平山展望台があります。ここは標高が約50m高く、田んぼの中を通過する列車を撮影することができます。また、レンゲツツジの群生地としても知られており、山口市の天然記念物に指定されています。

[1]船平山駅待合室。縦書きの旧字体の駅名標が目立つ。[2]船平山展望台から見た山口線。

駅旅スナップ

The landscape

山口線沿線風景

[1]徳佐－鍋倉駅区間沿線。

[2]津和野－船平山駅区間沿線。

2022年８月６日に開業した津和野駅新駅舎。100周年記念式典も行われた。

◉島根県鹿足郡津和野町後田
◉西日本旅客鉄道㈱（JR西日本）
◉62.900km（新山口起点）
◉大正11年（1922）8月5日
◉1面2線

山の麓　煙はいて列車が走る

　津和野駅は「ＳＬやまぐち号」の終点駅となっており、転車台や腕木式信号機など、ＳＬ全盛時代の設備が多く残っています。駅舎は２０２２年８月に新装されたもので、広い待合室と津和野町観光協会、観光案内所が併設されています。

　津和野は山陰の小京都と呼ばれており、石州瓦を使った屋根など幕末から昭和初期の町並みが色濃く残り、津和野城跡から一望できるその景色はさだま

[1]山口線の線路越しに見る「太皷谷稲成神社」。[2]転車台には見学ゾーンが設けられており、かなり近くで現役設備を見ることができる。[3]島式ホーム。ホームにある椅子もレトロ調となっている。[4]駅前にあるD51蒸気機関車。[5]津和野城跡より見る津和野の町並み。さだまさしはSLが走る津和野の風景を名曲「案山子」に表している。

さしの曲「案山子」のモデルとなっています。

明治・大正期に活躍した文豪・森鷗外は津和野の出身です。10歳で上京して以降、終生津和野に帰ることはありませんでしたが、津和野に鉄道が開通した折には帰郷すると話していました。しかし、津和野駅開業の1か月前に亡くなったことにより叶うことはありませんでした。2022年8月に行われた津和野駅開業100周年・新駅舎開業記念式典は、森鷗外の帰郷がテーマとされました。

町の南側には日本五大稲荷の1つである「太皷谷稲成神社」があります。〃稲荷〃ではなく〃稲成〃なのは、津和野藩7代藩主亀井《かめい》矩貞《のりさだ》が願望成就・大願成就などの意味を込め名付けたからと言われています。

[1]造りとしては簡単な単式ホーム。[2]青野山駅のある麓耕地区では、毎年約１万株のツツジが見られ、鯉のぼりも上がる。

青野山

あおのやま

AONOYAMA

Ekitabi No.123

●島根県鹿足郡津和野町直地
●西日本旅客鉄道㈱（JR西日本）
●66.140km（新山口起点）
●昭和36年（1961）4月1日
●1面1線

駅名の由来となっている青野山は、２０１９年に国の天然記念物及び名勝に指定されました。

駅のある麓耕《ろくごう》地区は１９９８年より棚田にツツジを植える取り組みをしており、４月下旬には約１万株ものツツジが満開を迎えます。そのツツジの満開に合わせて、鯉のぼりを設置しています。

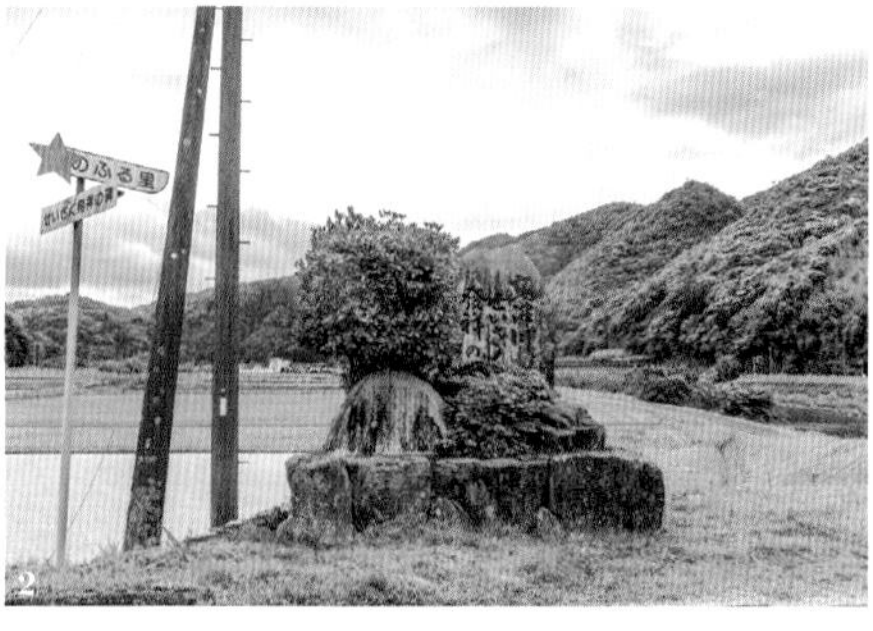

駅旅スナップ

The landscape

山口線沿線風景

[1]津和野－青野山駅区間沿線。
[2]日原－青原駅区間沿線の高津川せいさく発祥の碑。

[1]広い造りになっているのは岩日線が開通するのを見越してのものと言われている。[2]ホームには「星のふる里にちはら」の文字が。[3]日原天文台は国内初の公開型天文台である。[4]日原駅駅舎。郵便局などが併設されている。

日原

にちはら

NICHIHARA

Ekitabi No.124

●島根県鹿足郡津和野町枕瀬
●西日本旅客鉄道㈱(JR西日本)
●72.760km(新山口起点)
●大正12年(1923)4月1日
●2面2線

星のふる里にそびえる天文台

日原駅は駅舎が郵便局との複合施設となっており、さらに隣の滝元枕瀬公民館とも渡り廊下を通じて繋がっています。平成の大合併により新設された津和野町の町役場があるなど、現在の津和野町の行政の中心地となっています。日原天文台はハレー彗星が地球に接近した1985年に全国初の公開天文台として建てられた施設で、観測の障害となる光害が少ないため、多くの天文ファンが訪れます。

青　原

あおはら

AOHARA

Ekitabi No.125

◉島根県鹿足郡津和野町冨田
◉西日本旅客鉄道㈱（JR西日本）
◉77.460km（新山口起点）
◉大正13年（1924）7月15日
◉1面1線

青原駅はかつては2面2線あり、旧上り線は現在も残っています。駅前にある石碑は大庭政世の碑で、日本初の産業組合病院である青原組合病院を創設し、農村部の医療発展に貢献しました。

駅の南にある「道の駅シルクウェイにちはら」は、地元産の農産物の販売所や高津川の親水公園があります。

［1］青原駅入口。角度のある階段を登ってホームに入る。［2］「道の駅シルクウェイにちはら」。道の駅としては規模が大きい。

東青原駅は「東」と名付けられていますが、地図上は青原駅よりも西側に位置しています。近隣には青原公民館や青原小学校があり、青原地区の中心地となっています。

江戸時代は宿場町であり、280年の歴史がある青原八幡宮の秋の例大祭「青原奴《やっこ》道中」は、江戸時代の参勤交代の儀式を再現しています。

東青原

ひがしあおはら

HIGASHI-AOHARA

Ekitabi No.126

◉島根県鹿足郡津和野町添谷
◉西日本旅客鉄道㈱（JR西日本）
◉80.590km（新山口起点）
◉昭和36年（1961）4月1日
◉1面1線

［1］青原八幡宮。
［2］東青原駅入口。

石見横田
いわみよこた
IWAMI-YOKOTA
Ekitabi No.127

◉島根県益田市神田町
◉西日本旅客鉄道㈱（JR西日本）
◉84.680km（新山口起点）
◉明治45年（1912）4月1日
◉2面2線

石見横田駅は古くからある駅舎が今も残っており、駅前の街並みも大きな変化がありません。

付近を流れる高津川は、ウナギやモズクガニなど多くの魚介類が生息しており、中でも天然アユが有名です。駅近辺にある高津川と匹見川の合流地点は、友釣りのスポットとなっています。

［1］石見横田駅駅舎。［2］匹見川と高津川の合流点は釣りの名所となっている。

本俣賀駅は、この地区にあった梅月小学校が石見横田駅近くの西益田小学校に統合された際、地元の住民の要望により通学用の仮乗降場として開業しました。そのため長らく時刻表には掲載されていませんでした。１９８７年４月に正式に駅に昇格しました。そのため駅の設備は最小限となっています。

本俣賀
ほんまたが
HOMMATAGA
Ekitabi No.128

◉島根県益田市本俣賀町
◉西日本旅客鉄道㈱（JR西日本）
◉89.580km（新山口起点）
◉昭和45年（1970）4月1日
◉1面1線

［1］本俣賀駅全景。［2］駅周辺には菜の花が咲くなど季節ごとに景色が変わる。

[1]左は山口線、右は山陰本線に分かれていく。[2]医光寺の雪舟庭園。雪舟は山口線を巡る旅の重要なキーワード。[3]山口線に入るキハ40。[4]益田駅駅舎。山口線の延伸が先で、短期間山口線所属の駅であった。

●島根県益田市駅前町
●西日本旅客鉄道㈱（JR西日本）
●93.922km（新山口起点）
●大正12年（1923）12月26日
●2面3線

雪舟終焉の地を訪ねて

山口線が山陰本線よりも先に全面開通をしたため、当初は山口線の所属駅でした。山陰本線が益田駅まで延伸したのは、山口線開業の約8か月後です。

益田市は雪舟終焉の地であり、街の東側には雪舟の墓があり、付近に雪舟を顕彰する記念館も建てられています。雪舟によって作庭された医光寺や萬福寺の庭園は国の史跡および名勝に指定されています。山口線沿いには雪舟にゆかりの地が数多くあります。

益田駅⇄津和野駅

駅旅SPOT

Yamaguchi-Line **山口線**

駅間距離 | 約 **31.0** km

ACCESS

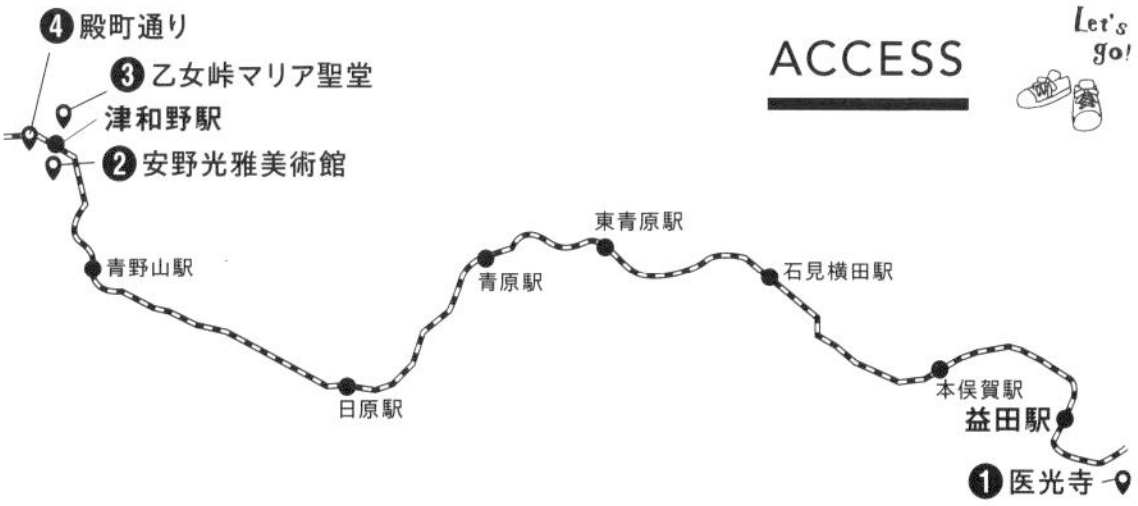

ゆたかな文化と情緒にあふれる津和野めぐり

雄大な山々を有する中国山地を、山口方面へ進みます。島根の西端には、日本を代表する文化人との関わりが深かったことから、文化遺産が多く残っており、ゆたかな文化や風景を楽しむことができます。

❶医光寺

雪舟が住職として招かれたお寺として知られ、雪舟が作庭した「雪舟庭園」は国指定の史跡および名勝になっています。
季節によって、まったく別の顔を見せてくれる庭園は、訪れる度に新たな発見があるかもしれません。

島根県益田市染羽町4-29

最寄り駅 **益田駅→バス10分**

❷安野光雅美術館

『ふしぎなえ』『さかさま』などで、数々の賞を受賞した世界の画家・安野光雅の作品を展示している美術館。
館内では、作品を使ったグッズが多数販売されているのでお土産にもおすすめです。

島根県鹿足郡津和野町後田イ60-1

最寄り駅 **津和野駅→徒歩3分**

❸乙女峠マリア聖堂

日本で唯一聖母マリアが降臨した地と言われ、聖堂の中のステンドグラスには殉教者を偲ぶ様子が描かれています。
近くに設置されている、受話器が2つある公衆電話は日本に3台しかないので要チェックです。

島根県鹿足郡津和野町後田 乙女峠

最寄り駅 **津和野駅→徒歩20分**

❹殿町通り

小京都とも呼ばれる津和野の中でも、特に城下町らしさが感じられる場所。
通りには白壁の土塀が面し、掘割には色鮮やかな鯉が群れ泳ぐ様子はとても美しく、思わず写真に収めたくなること間違いなしです。

島根県鹿足郡津和野町

最寄り駅 **津和野駅→徒歩10分**

岩日北線 当時の工事の様子 [島根県立図書館所蔵]

EKITABI COLUMN 5

幻の未成線 岩日北線

GANNICHI-KITA LINE

乗りに行ける未成線

もともとは山口県岩国駅と島根県日原駅を結ぶ路線として計画され、この２つの駅から「岩日線」と名付けられました。工事は岩国側から開始され、１９６３年には錦町まで開業。１９６７年より岩日北線部分の工事が開始されました。工事は錦町から島根県の六日市まで路盤がほぼ完成し、トンネルも掘られていました。

しかし、先行開業した岩日線自身が特定地方交通線に指定されたため延伸工事は中止。結局そのまま工事が行われることはなく、路盤やトンネル、駅の予定地までが鉄道として使われることはありませんでした。

また、岩日線は第３セクターの錦川鉄道錦川清流線となりました。

現在は着工区間のうち、錦町―雙津峡温泉の６kmについては錦川鉄道がタイヤ付き遊覧車「とことこトレイン」を運行しており、幻の鉄道路線を別の形で楽しむことができます。この取り組みは２００４年の日本鉄道賞を受賞しています。

特集Ⅲ

島根に残る鉄道遺産

The Train Heritage of Sanin

趣ある鋳鉄柱が支える

No.

01

NAME

大田市駅跨線橋

PLACE

山陰本線・大田市駅

12本の鋳鉄柱によって橋と階段室が支えられている乗換跨線橋。鉄道作業局時代の標準設計によって製作されたものの１つが移設されたものと思われる。階段などに部分的な改造は見られるが、原型の構造はほぼ完全な形で残っている。現存する乗換跨線橋のなかでも、最も古いものにあたる貴重な跨線橋の１つとなっている。

●設置等年月日：1890年（明治23）

●製造会社：鉄道作業局神戸工場

●住所：島根県大田市大田町

大正ロマン薫る駅舎

No.

02

NAME

旧大社駅

PLACE

旧大社線・旧大社駅

1912年に出雲大社への参詣鉄道として開業した旧大社駅。1924年に改築がなされ、木造純和風建築の大正ロマン漂う駅舎として親しまれてきた。旧大社線は1990年に廃線となったが、2004年には東京駅・門司港駅と同じ国の重要文化財に指定された。「地域の宝」として、歴史的・文化的価値を次世代に継承していきたい鉄道遺産である。

●設置等年月日：1924年（大正13）２月13日

●製造会社：鉄道省神戸鉄道局米子保線事務所

●住所：島根県出雲市大社町

山陰本線最後の蒸気機関車

No.

03

NAME

D51 488号機

PLACE

和鋼博物館

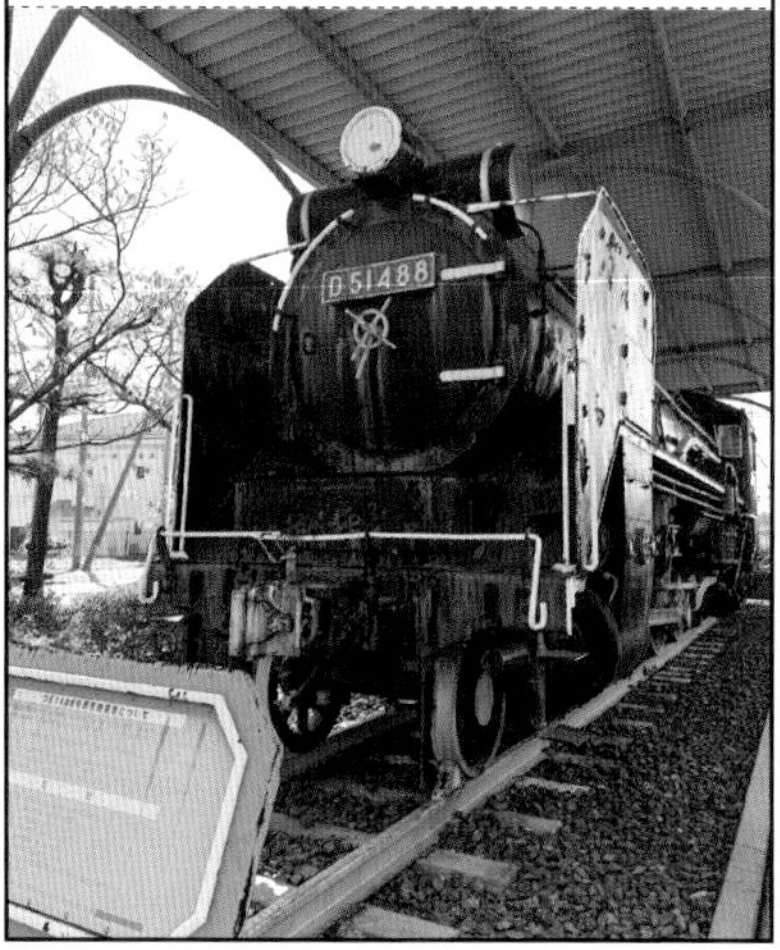

初期は東北地方などを走っていたが、1973年に浜田機関区で走ることとなった。1975年に本州最後のSL運行となった石州号の牽引を最後に引退。引退後に準鉄道記念物に指定された。その後は米子駅前で展示保存をされていたが、1993年に和鋼博物館が開館するのに合わせて移転した。

●設置等年月日：1940年（昭和15）３月30日
●製造会社：国鉄郡山工場
●住所：島根県安来市安来町

一畑電鉄の電化を担った施設

No.

04

NAME

一畑電車布崎変電所

PLACE

布崎駅

北松江線を電化することとなり、1927年に建設された。鉄筋コンクリート造りの重厚感ある建物で、当初は左右対称だったが、正面から右側が後年に増築された。この変電所は現在でも現役の施設として稼働しており、一畑電車の運行を担う重要な施設となっている。

●設置等年月日：1927年（昭和２）
●製造会社：一畑電気鉄道株式会社
●住所：島根県出雲市多久町

昭和30年代 安来駅［提供・所蔵：島根県立図書館］

EKITABI COLUMN 6

鉄道のあゆみ 島根編

since 1908-2024

島根県の鉄道は1908年4月5日に「米子―安来間」が開業したことにより始まります。鳥取県が同じ日に鳥取駅開業により東西が結ばれたのに対してやや遅れたものの、益田駅までの約200kmの区間を難工事の末、安来駅開業からわずか15年で開通し、島根県の東西が結ばれました。

民間による鉄道建設も活発に行われ、一畑電鉄や簸上鉄道（現在の木次線）など実現したものもあれば、道半ばで繋がらなかった大社宮島鉄道（後の一畑電鉄立久恵線）や、広浜鉄道今福線などのように時代の流れに翻弄され、遂に実現しなかった路線もありました。

鉄道の開通により、島根県を訪れる人々の数は増え、特に出雲大社は東京、大阪、名古屋からの直通列車が走るなど鉄道によって参拝客を大きく増やし、島根県を代表する観光地となりました。また、中国山地を越える木次線や山口線は陰陽連絡線として重要な役割を担いました。

1975年の三江線全線開通により島根県の鉄道は完成しました。しかし、この頃にはすでにモータリゼーションの波が島根県にも押し寄せていました。

その中でも山陰本線高速化事業によって所要時間の大幅な短縮が行われ、SL列車やトロッコ列車などの観光列車を走らせるなど鉄道自身を観光資源とするといった鉄道を守る運動が多く行われています。

島根鉄道年表 1908-2024

History of the Shimane Railroad

明治41年 (1908)
島根県初めての鉄道「米子ー安来」が開業。同年松江駅まで延伸する。

明治45年/大正元年 (1912)
一畑軽便鉄道株式会社(後の一畑電鉄)が創立。兵庫県の香住ー浜坂間の開通により京都と出雲今市が結ばれる。また、大社線「出雲今市ー大社」が開業。

大正3年 (1914)
一畑軽便鉄道「出雲今市(現在の電鉄出雲市)ー雲州平田」を開業。

大正5年 (1916)
簸上鉄道「宍道ー木次」が開業。

大正11年 (1922)
山口線「徳佐ー津和野」が開業。山口線が島根県に乗り入れる。

大正12年 (1923)
山口線「津和野ー石見益田」が開業し、山口線が全線開通。山陰本線も「三保三隅ー石見益田」間が同年開業し、山口線を通じて山陽まで繋がる。

昭和2年 (1927)
広瀬電鉄の全線電化工事が完了。

昭和3年 (1928)
島根鉄道(後の一畑電鉄広瀬線)「荒島ー出雲広瀬」が開業。一畑電鉄「小境灘ー北松江」が開業。北松江線が全線開通。

昭和5年 (1930)
三江線「江津ー川戸」が開業。一畑電鉄大社線「川跡ー大社神門(現在の出雲大社前)」が開業。

昭和7年 (1932)
大社宮島鉄道(後の一畑電鉄立久恵線)「出雲今市ー出雲須佐」が開業。木次線「木次ー出雲三成」が開業。

昭和8年 (1933)
簸上鉄道が国有化され「宍道ー木次」が木次線に編入。山陰本線「須佐ー宇田郷」が開業し、山陰本線が全線開通。

昭和9年 (1934)
木次線準急「ちどり」が運行開始。後に急行となる。

昭和12年 (1937)
木次線「八川ー備後落合」が開業し木次線が全線開通。

昭和19年 (1944)
一畑電鉄「小境灘ー一畑」が不要不急路線として休止。1960年に正式に廃止となる。

昭和29年 (1954)
一畑電鉄が立久恵線と広瀬線を吸収。

昭和33年 (1958)
京都ー大社間で急行「だいせん」が運行開始。

昭和35年 (1960)
一畑電鉄広瀬線が廃線。

昭和36年 (1961)
山陰本線初の特急となる「まつかぜ」が京都ー松江間で運行開始。後に京都ー博多間の運行となる。

昭和39年 (1964)
国鉄出雲市駅の隣接地に電鉄出雲市駅が開業。特急が運行を開始し、出雲市ー北松江間を37分で結んだ。一畑電鉄立久恵線が災害のため運休し、翌年そのまま廃線となる。

昭和47年 (1972)
山陽新幹線岡山延伸に伴い、特急「やくも」が岡山ー浜田間で運行開始。

昭和50年 (1975)
三江線「浜原ー口羽」が開業し全線開通。

昭和54年 (1979)
山口線で「SLやまぐち号」が新山口ー津和野間で運行開始。

昭和57年 (1982)
伯備線全線·山陰本線「伯耆大山ー知井宮」の電化工事が完了。特急「やくも」が電化される。

昭和60年 (1985)
米子ー博多間で特急「いそかぜ」が運行開始。「まつかぜ」は米子ー大阪間となり、翌年に廃止される。米子ー益田間で快速「しまねライナー」が運行開始。

平成2年 (1990)
大社線が廃線となる。

平成10年 (1998)
木次線の観光トロッコ列車「奥出雲おろち号」が運行開始。東京ー出雲市間の寝台特急「サンライズ出雲」が伯備線経由で運行開始。

平成13年 (2001)
島根県内における山陰本線高速化事業が完了。187系が導入され、特急「スーパーおき」「スーパーくにびき(後にスーパーまつかぜ)」が運行開始。快速「石見ライナー」は「アクアライナー」に名称変更。

平成16年 (2004)
寝台特急「出雲」が廃止となる。

平成18年 (2006)
一畑電鉄から鉄道部門が分社化され、一畑電車株式会社が設立。

平成20年 (2008)
一畑電車を舞台とした映画『RAILWAYS 49歳で電車の運転士になった男の物語』が公開。

平成28年 (2016)
一畑電車に86年ぶりの新製車両である「一畑7000系」が導入。

平成29年 (2017)
寝台列車「TWILIGHT EXPERESS 瑞風」が運行開始。

平成30年 (2018)
三江線が廃線となる。山陰デスティネーションキャンペーン開催に合わせ観光列車「あめつち」が運行開始。

平成31年/令和元年 (2019)
「WEST EXPRESS 銀河」が運行開始。

令和4年 (2022)
快速「アクアライナー」が廃止となる。特急「やくも」のリバイバル企画がスタートし、歴代のデザインが復刻される。

令和5年 (2023)
「奥出雲おろち号」が運行終了。

令和6年 (2024)
特急「やくも」に新型車両「273系」が導入される。

掲載駅さくいん

あ行

秋鹿町駅……99
青野山駅……172
青原駅……174
朝日ヶ丘駅……100
浅利駅……53
荒島駅……20
飯浦駅……68
出雲科学館パークタウン前駅……87
出雲坂根駅……138
出雲市駅……28
出雲神西駅……43
出雲大社前駅……112
出雲大東駅……128
出雲三成駅……133
出雲八代駅……133
出雲横田駅……136
五十猛駅……48
一畑口駅……96
伊野灘駅……97
揖屋駅……20
石見津田駅……65
石見福光駅……52
石見横田駅……175
宇田郷駅……70
敬川駅……56
雲州平田駅……92
江崎駅……69
大田市駅……46
大津町駅……88
大寺駅……90
大歳駅……159
岡見駅……64
小田駅……44
折居駅……63

か行

鎌手駅……65
上郷駅……158
上山口駅……163
亀嵩駅……134
加茂中駅……127
川跡駅（一畑電車・北松江線）……89
川跡駅（一畑電車・大社線）……116
木次駅……130
来待駅……26
木与駅……70
久代駅……58
久手駅……45
黒松駅……52
江津駅……54
江南駅……43
越ヶ浜駅……72
湖遊館新駅駅……94

さ行

静間駅……48
篠目駅……164
地福駅……167
下久野駅……132
下府駅……59
荘原駅……27
宍道駅（ＪＲ山陰本線）……26
宍道駅（ＪＲ木次線）……126
新山口駅……156
周防下郷駅……158
須佐駅……69
周布駅……62
園駅……95

た行

高ノ宮駅……98
高浜駅……115
田儀駅……44

武志駅 89
旅伏駅 91
玉造温泉駅 25
長門峡駅 165
都野津駅 56
津ノ森駅 97
津和野駅 170
電鉄出雲市駅 86
徳佐駅 168
戸田小浜駅 68

な行

直江駅 27
長江駅 100
長門大井駅 72
名草駅 166
奈古駅 71
鍋倉駅 167
西出雲駅 42
西浜田駅 62
日原駅 173
仁保駅 164
仁保津駅 159
仁万駅 49
布崎駅 94
乃木駅 24

は行

萩駅 76
波子駅 57
幡屋駅 128
波根駅 45
浜田駅 60
浜山公園北口駅 114
東青原駅 174
東萩駅 74
東松江駅 21
日登駅 132
備後落合駅 142
船平山駅 169
本俣賀駅 175

ま行

馬路駅 50
益田駅（JR山陰本線） 66
益田駅（JR山口線） 176
松江駅 22
松江イングリッシュガーデン前駅 101
松江しんじ湖温泉駅 102
松江フォーゲルパーク駅 98
三井野原駅 140
三谷駅 166
美談駅 90
南宍道駅 127
南大東駅 129
三保三隅駅 64
宮野駅 163

や行

八川駅 137
安来駅 18
矢原駅 160
山口駅 162
油木駅 141
湯里駅 50
湯田温泉駅 161
温泉津駅 51
遙堪駅 114
米子駅 16

わ行

渡川駅 165

＊特別協力（順不同）
西日本旅客鉄道株式会社 中国統括本部 山陰支社／一畑電車株式会社／一畑電気鉄道株式会社

＊協力（順不同）
合資会社一文字家／島根県立図書館／出雲市役所佐田行政センター／
西日本旅客鉄道株式会社 中国統括本部 後藤総合車両所 出雲支所／
一畑電車株式会社 技術部 車両課

＊このほか、本書の取材・執筆にあたっては、多くの方々にご協力いただきました。
皆様のご厚意に感謝申し上げます。

＊本書は、JR西日本商品化許諾済商品、一畑電車株式会社商品化許諾済商品です。

参考文献・資料
・『写真が語る石見の100年』いき出版、2021
・『三井野原開拓誌』島根県横田町、1979
・『木次線ローカルガイド』ハーベスト出版、2018
・『しまねの文化財』島根県文化財所有者連絡協議会、2018
・『一畑電気鉄道百年史』一畑電気鉄道株式会社、2016
・『「幻の広浜鉄道今福線」研究』島根県技術士会、2015
・『幻の広浜鉄道今福線を巡る』石本恒夫、2019
・『山陰鉄道物語』山崎弘、今井出版、2002
・『週刊JR全駅全車両基地 NO.30』朝日新聞出版、2013
※このほか、各市町村史などを参考にさせていただきました。

島根駅旅
―島根全駅＋山口・広島・鳥取32駅―
SHIMANE EKITABI GUIDEBOOK

2023年12月25日　初版第1刷発行

発行……今井出版
〒683-0103
鳥取県米子市富益町8（今井印刷㈱内）
☎0859-28-5551

印刷……今井印刷株式会社

表紙写真……林原絵梨香

写真（順不同）……やまかげまなぶ
（入江陽介、佐川颯汰、白雨瑞穂）
林原絵梨香、坂本貴広

文……入江陽介

ISBN 978-4-86611-364-7 Printed in Japan